"우리동네"

서울시인협회
연간사화집 2023
시인은 시를 쓴다 8

테마시집

"우리동네"

나를 키워준 그곳, 내가 살고 있는 이곳

책임편집 민윤기

인문학사

편집자가 독자에게

'우리동네'로 함께 가 볼까요?

저는 시인이, 시인이기 이전에 시민이어야 한다고 주장하는 사람입니다. 그래서 시인들이 하루 종일 시만을 생각하고, 시적 분위기에 휩싸여 사는 것에 대해 찬동하지 않습니다. 시인이 시만 냅다 읽고, 시 쓰기에만 매달리고, 시인을 고매한 지성인라고 생각하며, 시인들과의 이런 저런 인연에만 얽혀 산다면 얼마나 편협하고 지루(?)하겠습니까.

시인들도 동시대의 세상 사람들과 다를 바 없습니다. 영화도 보고, 여행도 즐기고, 스포츠 직관도 하러 다니고, 공도 치며 술도 마시고, 법률이 허락하는 만큼의 게임에도 빠져 보고, 때때로 인간적 외로움과 슬픔이 괴로워 일탈도 해 보는…, 말하자면 '틀에 박힌 시인적 삶'을 벗어나라는 뜻이지요.

그만큼 우리가 숨을 쉬고 살고 있는 세상은, 행동하기에 따라 즐거운 일, 재미있는 사건이 많이 일어나는 별입니다. 이런 지구별에서 무슨 외계인처럼 '특별나게' 시인스타일 고집하며 살지 말자는 것이지요.

이런 말씀을 드리는 제가 즐겨 보는 텔레비전 예능 프로 중에 "동네 한 바퀴"라는 여행다큐가 있습니다. 좀 어리버리해 보이는 마음씨 좋은 형님 같은 김영철 배우가 진행했었는데, 요즘은 씨름선수 출신 이만기 아저씨가 진행하더군요. 물론 사전에 촬영을 하기로 약속한 동네를 찾아가 그 동네에 스며든 이야깃거리와 사람들의 희로애락을 소개하는 예능프로지요. 긴장감도 전혀 없고, 잘 나 보이는 사람보다 길거리에서 늘 만나는 사람들과 비슷한 이웃을 더 많이 만나고, 큰 작업장이나 가게보다는 작고 소박한 점방의 이야기를 주로 다루고 있지요. 그런데 이런 무작위 형식의 이야기를 좋아하는 사람들이 의외로 많은지 청취율도 꽤 높다고 하더군요. 저도 자주 넥타이 풀고 속옷 차림으로,

편한 자세로 앉아 이 프로를 시청하곤 합니다.

동네 한 바퀴를 돌아볼 여유만 있어도 이 도시는, 이 시대는, 이 시대를 사는 삶은 풍요로워지겠구나! 세상이 온통 디지털로 변했다고 해도 이만기가 걸으며 발견하고, 여기에 스토리텔러 강부자 배우의 진정성 있는 목소리를 듣게 되는 이 아날로그적 감각도 참 소중하구나! 하고 생각하다가 문득 이 시대를 함께 살고, 시를 통해 공유하는 시인들과 그들이 쓴 시를 떠올리며 많이 갑갑해졌습니다.

요즘 한국 현대시는, 한국의 시인들은, 지나치게 엄숙하고, 비극적이고, 무거운 외투 같은 형식에 눌려 있고…, 그래서 어려워지고, 고통이 사유의 깊이인 것처럼 오해의 벼랑으로, 쓰나미의 바다로 내몰리고 있습니다. 삶의 틈을 찾아내는 듯한 넉넉한 유머는 사라졌습니다. 유머는 개그맨이나 하는 짓인가요? 이 무슨 근엄, 위선, 배덕, 권위, 독선의 경향을 시인들께서 계속 좇고 계십니까?

예능 프로 "동네 한 바퀴"를 베끼자는 게 아니지요. "동네 한 바퀴" 같은 삶의 풍경을 시로 써 보자는 것입니다. 우선 어릴 적 살았던 고향에서부터 지금 살고 있는 '우리 동네'를 "동네 한 바퀴" 이상으로 써 봄으로써, 우리가 헛된 명예, 허망한 주제, 시를 망가뜨리고 있는 무거운 소재에서 벗어나 보자는 것입니다.

'낯설음'만이 새로운 건 아니니까요.

2023년 한여름에
민 윤 기

이 사화집은 이렇게 작품을 모으고, 편집했습니다.

−서울시인협회 회원 시인이거나 입회를 약속한 153명
시인의 작품을 실었습니다. 다만 회원이 아닌데도 몇 분은
특별청탁 형식으로 추가하였습니다.

−필자 한 명당 시 2편, 2쪽씩 배열하였습니다. 그러나 시가
길어 한 편이 2쪽을 채우게 되면 한 편만 수록했습니다.
이 사화집에 싣지 못한 그 작품 중 필자가 동의하면
'월간시인' 테마시 페이지에 실을 계획입니다.

−프로필은 필자들이 작성한 내용을 거의 수정하지
않았습니다. 따라서 프로필 내용에 대한 문책(文責)은
필자에게 있습니다. 다만 문학상 수상, 출간한 시집이
지나치게 많은 경우는 내용을 줄여 '등'으로 표시하였고
서울시인협회 이외 단체 명과 직위 명은 대부분
삭제하였습니다.

−작품을 수록한 모든 필자의 프로필 마지막 행에 이메일
주소를 첨부했습니다. 작품을 읽다가 나오는 현지 지명,
내용상의 궁금한 사실 등은 필자에게 직접 질문하실 수
있습니다.

−행정구역별 순서는 서울−경기도−인천−부산−강원−
충북−충남−세종시−전북−전남−경북−대구−경남−광주−
제주도 순입니다. 이는 편집상의 순서일 뿐 특정 지역을
우대하거나 폄하하는 의도는 없습니다. 다만 울산, 대전 두
지역을 다룬 작품은 없습니다. 아쉽습니다.

−행적구역 명의 표시에서 '특별시' '특별자치도' 식에서
관행적으로 사용하는 명칭을 사용했습니다.

contents

- 4 편집자가 독자에게 우리동네로 함께 가 볼까요?
- 16 헌시 이근배 늘 푸른 사람나무들이여, 영원한 빛의 강물이여
   -'심훈기념관' 개관에 바치는 노래

01 - 서울

- 20 곽종철 성내천 연가/ 도미 부인의 슬픈 미소
- 22 김기준 청춘 이발소/ 새마음탕
- 24 김성만 한남대교 아래에서/ 바람나고 싶어라
- 26 김영희 서서울 호수공원의 분수/ 문을 닫은 싱싱청과
- 28 김윤태 미아동 봉제공장/ 이상한 내과
- 30 김정필 이말산을 아시나요/ 폭포동 이야기
- 32 김행숙 자전거 타기/ 정녕 다시 오려나
- 34 민문자 개봉1동 건영아파트 주변/ 잣절공원 산책
- 36 민윤기 왕십리에 살아요/ 만리동에서
- 38 박강남 인사동이 빗물에 떠 있다/ 부러진 빗줄기
- 40 박연숙 도레미사장의 사장은 어디갔을까/ 펌하는 모나리자와 노란카페
- 42 박이영 달토끼역/ 향기의 서
- 44 박후자 영주에게/ 우리 동네 목련상점
- 46 방지원 긴 아쉬움/ 사금파리 단상
- 48 배미자 동네북의 사명/ 동네 한 바퀴
- 50 서범석 신용비어천가/ CCTV 얼굴 확인함
- 52 서수영 우리 동네 세탁소/ 해바라기 피어나는 동네
- 54 손세하 개포시장/ 돌들이 집이 되는 시간
- 56 송낙현 도산공원을 걸으며/ 구두수선 전문가 아저씨
- 58 심현식 나 여기 살아요/ 그런 때가 있었습니다

60 　안혜초 배봉산 둘레길을 아시나요
62 　유경희 색동고무신/ 정답 없는 세상
64 　윤동수 시장 사람들/ 문학서점
66 　이복연 우리 동네 난향동/ 그 여인
68 　이　솔 낙산 언덕 동숭동 산동네/ 낙산 언덕 동숭동 산동네에서 꿈꾸다
70 　이옥주 엄청 자신 있는 만둣집/ 은하빌라 옆 감나무
72 　이정수 시흥동 별장길/ 목동사거리 노점상
74 　이종윤 작아서 큰, 도란도란 작은 도서관
76 　이한센 영등포구 도림동/ 대추나무
78 　이향아 매봉역에서 내리세요/ 우리 동네 여름 저녁
80 　장꼭지 고개를 숙이고/ 푸른 평행선
82 　정정근 안녕, 서달산/ 우리 동네에 안양천 있어요
84 　주광일 소망 탑/ 당신 46
86 　최금녀 연희동/ 불광동
88 　최진영 홍제역에서/ 아아, 여기는 홍제원 아파트
90 　홍인숙 흥겨운 한마당/ 여고 동창생의 하루

02 - 경기도

 94 　고은별 구두물 감정동
 96 　구미정 새벽 풍경/ 바람
 98 　김두녀 살구를 품다/ 선물
100 　김병준 고강선사유적지공원/ 막 퍼 주는 아줌마
102 　김성준 능안공원/ 우리 동네 야시장
104 　김애란 카페 양동이/ 마음결이 고운 아이
106 　김의진 참기름 한 병/ 봉지 쌀
108 　김정원 과천굴다리 장터/ 이웃집 쥬리

110 김지소 숲의 영혼 바람의 마음/ 해살이
112 김지수 미용실 원장님, 감사합니다/ 은월마을
114 김태선 문화 예술 플랫폼/ 우리 동네 야시장
116 김현숙 탄도에서 누에섬까지/ 뜻밖의 야매
118 김혜숙 구리시장에서/ 왕숙천
120 박나나 마북동 능소화/ 용담저수지
122 박분필 양지마을 장수나방들/ 그 여름날의 비나리
124 박이현 받침의 힘/ 그녀, 아직도
126 박일소 소래포구/ 나물할매의 가는 세월
128 박효석 할매 순댓국집의 노파/ '메가' 커피숍에서
130 성숙옥 평촌민백공원 1, 2
132 양재영 선지해장국의 성지/ 판교역 1번 출구 로또 맛집
134 여서완 빈우궁/ 돌담집
136 유회숙 파랑새 경로당/ 달을 삼켜 버린 흥부
138 이춘옥 모란 장터에 가면/ 보통골
140 이충재 뉘 집 감나무/ 잠자리떼 나는 계절
142 이향연 보리수/ 우리 동네
144 이희국 다리/ 빛바랜 시간
146 전홍구 셈만도 못한/ 모여 사는 공간
148 정대구 우리 동네 우복동은 아직도 19세기/ 동네 한 바퀴
150 정서윤 24시 투썸플레이스/ 옆집 백구
152 정태호 집/ 본향
154 조덕혜 석양의 앵두꽃/ 그녀
156 최병국 엄마의 신용카드/ 수천 년 애창곡
158 최유미 친구가 그리울 땐 평택으로 오렴/ 부대찌개
160 최현아 오산천/ 금암동 고인돌 공원
162 하지영 분당 정자동 카페 거리/ 같은 동에 사는 쌍둥이 엄마
164 한해경 도마치 고개 큰 바위/ 느티나무, 우리 동네
166 허형만 양성우 시인/ 원당
168 홍신선 용주사에서/ 작황

03 – 인천

172 **구회남** 방죽 마을
174 **문성혜** 오후는 슬프지 않다
176 **이근봉** 소래 갯벌/ 동검도
178 **임경민** 승기천의 아침/ 24시 편의점

04 – 부산

182 **박미출** 값어치/ 기수역으로
184 **양왕용** 산책하고 국수 먹기/ 축구 친구들과 헤매기
186 **유자효** 부산 1953년
188 **이상록** 다대포구/ 부산 사람
190 **이효애** 동백섬은 나의 정원/ 104호 아저씨
192 **최귀례** 우리 마을/ 해일

05 – 강원도

196 **강우식** 주문진 사람들/ 밤바다
198 **고용석** 우리 동네 김간난 할머니/ 스무 살, 겨울 심곡항
200 **고 철** 어라와 나/ 어느 천 년에
202 **김귀자** 고향집 밥상/ 꿈을 키워준 은행나무
204 **김명수** 58분 일기예보
206 **김용아** 우리는 강에 기대어 산다/ 청령포 수호목
208 **김해빈** 겨울 천렵/ 오일장
210 **심재옥** 산사에 등불 켜지고/ 명화가 걸려 있는 아파트 담벼락
212 **이영춘** 옆집 아줌마/ 텅 빈 마당
214 **정계원** 주문진 등대의 은유/ 차돌박이 된장찌개
216 **최태랑** 나무빨래판/ 뒷사람

218 **최혜순** 강릉 중앙 시장의 새댁/ 성당 안 귀퉁이
220 **한상호** 고향 타령/ 어차피

06 – 충청북도

224 **김민자** 보은 5일장/ 이야기 보따리
226 **박선영** 남한강에서/ 고향집

07 – 충청남도

230 **남민우** 토종 마늘/ 쪼매라도 움직이면
232 **박 철** 성산 백제초도/ 엄마의 부지깽이
234 **손수여** 남당 항의 만해 연서/ 한류 무정
236 **송영숙** 소풍/ 흔들어다오
238 **조선달** 따뜻함에 대하여/ 아름다운 유산
240 **조장한** 나를 서글프게 하는 곳/ 찬샘 골
242 **한나나** 수제비/ 오백 원
244 **홍찬선** 엄마의 감로암/ 소갈미고개

08 – 세종시

248 **김석호** 무대섬/ 호수가 그린 수채화
250 **임하초** 조치원 순대국밥집/ 하프 소리 들리는 듯

09 – 전라북도

254 **기성서** 콩나물국밥/ 반창회
256 **김종숙** 섬바끄 아이들/ 고사포에 가면
258 **류성후** 강천/ 섬진강의 오월

260 **신남춘** 청춘을 되찾는 기분/ 강수 하우스
262 **유이정** 해빙, 그대를 기억하는 시간/ 노스탤지어
264 **이오장** 구시렁구시렁/ 넓다, 크다
266 **조기호** 커피와 똥장군/ 하느님 한 방울만

10 - 전라남도

270 **김리한** 어떤 동네 이야기/ 완도항은 잠들지 않는다
272 **김선옥** 느티나무/ 우리 동네
274 **김지유** 목포의 설움/ 미워도 내 고향
276 **명재신** 나로도 22, 25
278 **박문재** 고향에 진달래 피거든/ 겨울 귀향의 시
280 **염정금** 모아모아 세탁소/ 단잠
282 **윤영돈** 다산초당/ 쥐치 서리
284 **이경선** 대봉감 이야기/ 외부차량 주차금지
286 **이현희** 은어야 바다로 가자/ 천관산을 오르며
288 **천영희** 시골 장터/ 고향집의 추억
290 **홍보영** 해남 땅끝마을/ 소나기

11 - 경상북도

294 **권영희** 원기소/ 이하역 산국
296 **남상연** 호지마을길/ 거인 발자국
298 **남찬순** 졸업여행 가자/ 바보들의 장터
300 **변　윤** 중국 냄새 이름 괴시리 전통 마을/ 목은 기념관
302 **신순임** 수난의 다보탑/ 기분 좋은 말
304 **오낙률** 포도주잔의 독백
306 **우봉하** 영주 대장간/ 죽계천
308 **원임덕** 삼화실

310 **이상현** 기찻길 옆/ 강마을
312 **이종범** 잉어/ 눈물 나던 날
314 **정유준** 금당실 느티나무/ 명목
316 **조명제** 도동 어른과 극장마을

12 - 대구

320 **강동희** 밤 마실 문화 거리
322 **허홍구** 이웃 사람/ 분이

13 - 경상남도

326 **김준호** 두부/ 고무장갑
328 **남금희** 비망록/ 사라진 눈(目)
330 **송호진** 안골포굴강
332 **이하재** 고불암에 가면/ 개똥참외
334 **정순영** 올 가을에는/ 고향의 강
336 **조갑조** 마산 선창가/ 도둑영화

14 - 광주

340 **노유섭** 옥수수빵/ 고물상 아저씨
342 **윤수자** 우리 동네는 황토 벌판도 있다/ 양동시장

15 - 제주도

346 **김충석** 사라봉/ 잃어버린 마을, 곤을동
348 **양창식** 월령리 노부부/ 올레길
350 **태   라** 가슴에 걸린 그림 3, 4

헌시

늘 푸른 사람나무들이여, 영원한 빛의 강물이여
–'심훈기념관' 개관에 바치는 노래

해와 달 더불어 더 푸르러가는
이 나라의 산과 들입니다
겨레의 스승 심훈 선생께서
저들에게 빼앗기고 짓밟혀
헐벗고 굶주리며 불모지가 된
우리 금수강산에 붓 한 자루로
선생님이 「상록수」를 심으신 지
어느덧 여든 해가 되었습니다.
눈보라 속에서도 잎이 지지 않고
푸른 숨결 뜨겁게 뿜어내는
나무상록수, 사람상록수들이
오늘 이 나라를 높이 높이 떠받치며
지구촌 곳곳에 그 빛을 드리우고 있습니다.
그렇습니다.
선생께서 당진에 오신 것은
꺼져가는 민족혼에 등불을 밝히고
메말라가는 농촌을 다시 일으키는
붓농사를 짓기 위해 몸을 던지신 것입니다.
조카 심재영의 공동경작회와
최용신의 헌신봉사에서 모티브를 얻어
한국소설 문학의 대평원을 붓으로 갈아낸

대작 「상록수」를 완성하셨습니다.
동아일보 창간 15주년 기념 공모에
눈부시게 당선!!
신문연재가 시작되자
이 땅 젊은이들의 가슴에 불꽃을 당겨
나라 찾기, 겨레 살리기, 농촌 일으키기 운동은
산과 강을 태우며 일어났습니다.
그리고 오늘 선생님이 「상록수」를 낳으신
'필경사' 경내에 '심훈기념관'을 새로 짓고
원고지를 논밭으로 붓을 쟁기로
겨레의 양식, 인류의 먹거리를 거두신
육필, 저서, 유물들을 한 자리에 모시고
길이 명작의 산실로 받들게 되었습니다.
먼 후대에까지 빛을 더해갈
늘 푸른 사람나무들이
나라 겨레를 더욱 살찌우는
새 역사의 강물로 넘쳐흐를 것입니다.

이근배

충남 당진 출생
조선일보 등 5개 신문 신춘문예 시 당선(1961-1964)
시집 〈노래여 노래여〉〈한강〉〈살다가 보면〉 등, 시조집 〈적일(寂日)〉 등
유심작품상, 가람문학상, 편운문학상, 만해대상, 정지용문학상, 심훈문학상 등 수상
전 대한민국예술원 회장, 서울시인협회 명예회장
lkb4000@hanmail.net

01

서울

성내천 연가

물길 따라 조성된 수변 산책로
벚꽃이 흐드러지게 피었네
꽃 마중 나온 이들은 하나같이
"여기가 명소야"라며 노래한다

모처럼 파란 하늘에 맑은 공기 속에
더해가는 천변 식물들의 푸르름
무아지경에 빠져 있는 왜가리
하천에 노는 물고기, 생동감이 넘친다

벚꽃 가지 휘어잡고 향기를 맡으며
좋아! 좋아! 라며
입에 침이 마르도록 벚꽃만 찾는다
모두 벚꽃에 취했나 봐

하얗게 핀 찔레꽃이 지켜보다가
"나도 꽃이야"라며 손짓하는데도
벚꽃 타령은 끝날 줄 모르네
새도 찾아와 성내천 연가를 부른다.

도미 부인의 슬픈 미소

광진교 남단 한 모퉁이에서
개루왕의 탐욕을 잊을까 봐 늘
한강의 맑은 물에 비춰보고 있는 그대,
일편단심 민들레 한 송이로 피었네

온갖 감언이설에도 절개를 지키니
하늘은 감동해 임 찾아갈 배 보내줘
눈먼 남편을 만나 알콩달콩 산 그대,
아스라해져 가는 열녀의 표상으로 남았네

세월의 끈을 놓치고 그대가 머문 곳이
외진 곳에, 차량 매연에, 머물 곳도 없는
어둠으로 채워진 소통할 수 없는 공간이라
침묵 속에 아우성이 들리는 것 같네

어쩐지 이렇게 모실 일은 아니다 싶지만
섣불리 단정할 일도 아니라는 생각에
뚫지 못하는 수많은 핑계만 늘어놓고
또 바람 따라나선다.

곽종철

'대한문학세계'로 등단(2011)
시집 〈물음표에 피는 꽃〉 〈바람은 길이 없다〉
한국전쟁문학상, 대한문인협회 문학예술인상 수상
현재 실버넷뉴스 편집위원, 한국기술경영연구원 연구위원
kwakjc@hanmail.net

청춘 이발소

삶이 왜 이리 꼬이는지
인생이 왜 이리 지랄맞은지
막막하고 답답할 때

빨강 파랑 하양 원통
어지러이 돌아가고
화투짝 짝짝 달라붙는
동네 삼촌들 사랑방에 가곤 했다

왁자지껄 야단법석
웃음과 놀림으로
자잘한 걱정 시원스레 밀어주었고
부질없는 한탄 성큼성큼 잘라주었고
우정의 상처 시원하게 씻겨주었고
사랑의 진물 훈훈하게 말려주었다

어디쯤 있을까
이제는
흔적도 없어진
그리운 그 이름

청춘 이발소

어디로 갔을까
이제는
생각도 나지 않는
촌티 팍팍 맑은 얼굴
짓궂은 삼촌들

새마음탕

저마다의 표찰을 달고
저마다의 욕망을 덜렁거리며
발가벗긴 채 흔들리는 무채색 영혼들

옥온탕
유황탕
황금탕
회춘탕
불어터진 운명의 몸뚱어리
게슴츠레 반쯤 감긴 희미한 눈꺼풀

부끄러운 듯 쪼그려 앉아 죄악의 껍질을 벗겨내면
등짝 위에 선명한
저마다의 상형문자

모락모락
설설
김으로 피어올라 연기처럼 사라지는 물방울 당신

김기준

'월간시' 제7회 '추천시인상'으로 등단(2016)
시집 〈착하고 아름다운〉 〈사람과 사물에 대한 예의〉
수중 산문집 〈그 바닷속 고래상어는 어디로 갔을까〉
'월간시' 제정 '올해의 시인상 대상, 아시아 시인상 수상
현재 연세대 의대 마취통증의학교실 교수
kimocean6063@naver.com

한남대교 아래에서

한남대교 아래에서
노인들이 운동을 한다.

세월의 무게를 끌어당기는 가냘픈 팔이
부들부들 떨린다.

옆에서는 젊은애들이 애완견을 데리고 훈련을 한다
아구아구 우리 애기 잘했어
하는 소리가 들린다.

백발의 할아버지가 기구를 들어 올린다.
얼굴은 빨개지고 굵게 패인 주름 속에 땀이 맺힌다.
가느다란 허벅지로 기구를 민다.
삐걱삐걱 그 소리는
속절없이 흘러가는 시계 초침 소리 같다.

푸른 한강 물은 무심히 흘러가고
왈 왈 개 짖는 소리가 다리 밑을 울린다.

바람나고 싶어라

자전거 두 바퀴 강변길 나설 제
눈부시게 퍼지는 가을 햇살이
따사롭게 감싸며 반기누나.

연보랏빛 개미취 꽃잎과 입 맞추니
바람에 흔들리는 코스모스 허리 사이로
어느새 순결한 백일홍 꽃잎
파르르 떨며 눈물짓는구나.

반짝이는 강물 위로
키 큰 포플라나무 그림자 비칠 때
억새는 은빛 섬세한 고개 내밀고
지는 석양에 겸허한 손길로 등 다독이네.

오, 나의 인생은 어디까지 왔는가
살아있는 모든 생명에 바치는
무한 감사여 축복 있으라

온종일 강변을 쏘다니는 동안
들꽃과 바람과 뭉게구름과도
바람나고 싶었다네.
가을 향기 가득한 온 세상과
그저 넋을 빼앗긴 채 바람나고 싶었다네.

김성만

서울디지털대학교 문예창작과 졸업
'월간시' '신인추천작품'으로 등단(2022)
시집 〈그리움을 향한 평생 보고서〉
현재 법무사
k1s2m777@naver.com

서서울 호수공원의 분수

비행기의 날갯짓이 보이면
몸이 시동을 건다
강한 비행기 소리에 반응하며 솟는 물줄기

호수 안에서 잔잔히 피던 연꽃도 고개를 들고
뱀과 너구리는 숨어서 구경하나
한가롭던 잉어 무리들도 덩달아 바빠지는
서서울 호수공원의 분수

단지 비행기의 소음이 아니라
힘찬 분수를 부르는

그 강한 데시빌에 나도 반응하고 싶다
귀를 파고드는 울림에 흔들리고 싶다
마음 건너에 있는 이야기를 뿜어내고 싶다

힘찬 물줄기로 피어나듯
소리에 제 몸을 내어놓고

비행기야 지나가라
이 소리도, 저 소리도 어떠냐
오로지 그에 따라 분출하면 그뿐

그럼 나도 흥분하여 움직이리라

문을 닫은 싱싱청과

'개인 사정으로 인하여 문을 닫습니다'
  골목길 싱싱청과 문에 붙어 있는 글씨

  꼭 살만하면 그래요

  고생고생 뼈 으스러지도록 일만 하다가
  애들도 크고 돈 좀 모아지니
  덜컥 아프잖아요

  그래요
  기를 쓰며 살지만
  언제까지 살지는 모르기에
  자꾸 내일 걱정으로 지금을 살다 보니
  정작 오늘이 없네요

닫혀 있는 가게 앞에서
뒤숭숭 쌓여 있는 종이상자들
제집처럼 드나들던 길고양이도
언제 이렇게 삶을 닫을지 모른다고 수군거려요

  딸기, 수박, 복숭아,
  동그랗던 주인아저씨 웃음까지 담아 떠나버린 그곳에
  저녁이면 지친 노을이 머물다 간다고 하네요

김영희

월간 '문예사조'로 등단(1998)
시집 〈나는 다시 시동을 컨다〉(2020)
현재 '즐거운 책읽기 신나는 글쓰기' 독서지도 교사
shadowhee@naver.com

미아동 봉제공장

동대문에 옷 가게를 차린 어머니
제일평화시장 2층 181호 두 평 크기
호프집 낚시 가게 고깃집 마지막 옷가게
이전과 다른 것은 어머니가 사장님

새벽 장사에 어머니는 피곤을 둘러업고
경력이 생기자 행복한 날이 이어졌다
고등학생 때 얼마나 많이 옷을 날랐는지
나는 지금도 옷박스만 보면 성질이 난다

미아동 구석구석 숨어있는 봉제공장
어머니가 옷을 구매하러 갈 때 동행했다
내 나이 또래의 아이들이 일을 하고 있다
어려 보이는데 무슨 사연으로 일하는 걸까

어머니는 창신동에도 봉제공장이 많지만
미아동 공장이 좋은 옷을 만든다고 말씀하셨다
미아리 봉제공장에서 사 온 옷을 팔아 차도 사고 땅을 사서 미아동에 집도 지으셨다

아버지는 세 개의 사업 모두 실패했기에
어머니의 사업 능력은 더 인정 받았고 가족을 부유케 한 구원자가 되었다
미아리가 우리 가족에게 소중한 이유이다

이상한 내과

아들 넷 키우는 게 쉽지는 않았다
무엇보다 마음이 편하지 않다
어린 자식을 병원에 데리고 갔더니
큰아들은 심장에 구멍이 있다 하고
둘째는 장염이고 셋째는 천식이란다

이사 간 지방의 병원 아기를 빌미로 협박하고
비싼 기계를 안 사면 큰일 난다 위협하고
내게 의학지식이 없을 거라 단정하고 무시했다
내 자식은 내가 지켜야겠다는 마음으로
결국 나는 종로에 가서 청진기를 구매했다

내가 유일하게 믿을 수 있었던 병원
미아역 이성환 내과에 가면 처방이 다르다
아기가 어리니까 항생제는 안 쓸게요
아파해도 금세 좋아지니 걱정하지 마세요
감기인데 약 약하게 줄게요 아파하면 오세요

지식은 사람을 유익하게 해야 한다
각기 다른 분야가 문명을 발전시켜
모두가 문명의 혜택을 보고 사는 것처럼
초보 부모의 마음까지 치료해주던 병원
모든 병원이 미아역 이성환 내과 같으면 좋겠다

김윤태

'월간시' 제25회 '추천시인상'으로 등단(2019)
부부시집 〈진주가 된 생채기의 사랑〉
현재 기아자동차 근무. 서울시인협회 이사
yytjs@naver.com

이말산을 아시나요

궁궐 벗어난 십 리 밖 이말산에
꼭두각시 끄트머리 삶 내려놓고
이름 없는 혼백으로 누운
수천의 조선 궁녀들
이름도 아닌 성姓을 아는 이는 겨우 셋
내시 중인도 함께였으나
뼛골까지 녹여냈을 세월에
호위무사처럼 꼿꼿하던 망주석
비망록처럼 남았던 비석들
허물어지고 주저앉아
숨소리도 멎은 무덤
봉분 밟고 선 고목도 비바람에 지쳐
잠들 곳 찾는다
말리꽃 많아 이말산이라는데
그 꽃 흔적 없는 자리에
발칙하게 하늘로만 기어오르는 칡꽃과
수줍게 고개 숙인 땅나리꽃
훗날에는 무슨 꽃 피려는가
슬픔 비우고 바람 삼켜
메아리도 없는 골짜기
뻐꾸기 울음소리 애절하다

폭포동 이야기

그리 멀지도 않은 날
똥수레 몰려왔다던 똥골 이야기가
아득한 전설처럼 들리는 골짜기

족두리 바위에
초승달 뜨는 초저녁부터
그믐달 지는 새벽까지
밤 그늘 짙게 일렁이는 숲에서
소쩍새 부엉이 주문呪文 외우는

새벽녘 꿈결처럼 들려오는
수탉의 긴 울음 누렁이 짖는 소리
고향마을처럼 아늑해
가출했던 내 유년이 돌아와 소곤대는

이른 봄 쑥 캐다 마주친 맷돼지와
서로 모른 척 눈길 피하고
개여울에 몰려온 물까치 떼 합창에

물소리도 쓸쓸한 늦가을이 주춤거리고
싸락눈 밟고 온 고라니 눈 맞추려
발 시릴 때까지 숨죽여 바라보는

실개천 풀꽃 길 오가며
오리 왜가리 두루미 보는 재미에
강남 아파트값 오르거나 말거나
이재에 상관없는 사람들 모여
푸근한 얼굴로 인사하는
북한산 언저리 폭포동 사람들
수지맞았다

김정필

중앙대 국문과 졸업
'문학사랑' 신인상으로 등단(2017)
시집 〈바람의 뜰〉〈시간을 지워도 그리움은 남는다〉
서울시인협회 이사
junepkim@hanmail.net

자전거 타기

핑크색 안전모
무릎 보호대로 무장한 아이가
자전거 밀어주는 아빠에게 소리친다

아빠 절대 놓으면 안 돼. 약속 했어~
응, 걱정 마
정말이지? 나 넘어진단 말이야
안 넘어져, 괜찮아~
진짜지? 놓은 것 아니지?
페달을 세게 밟아! 앞으로 달려~

아빠의 손은 진즉에
자전거 꽁무니에서 떨어졌지만
아이는 뒷심을 믿고 앞으로 내달린다
아, 새로운 걸 배운다는 게 저런 거였지
누구나 처음 자전거 탈 때 저 표정이었을 테니까

보조날개 떨어진 누리호처럼
아이가 해야 될 일은
힘차게 밀고 나가서 꿈을 이루는 것
그러면서 넘어지기도 하고 또 일어서겠지

그 원초적 견딤을
자전거 타기에서 배우고 있는 것이다.

정녕 다시 오려나

할머니들이 둘러앉아 노래를 부르네
아파트 작은 공원에 봄이 왔다고
둥그렇게 모여서 목청을 높이네

"해 저무운 소양강에 봄이 와았거언마안~"
"연부운홍 치마가 봄바람에 휘날리더라아"

그들의 봄은 정녕 다시 오려나
생각나는 노래는 죄다 불러가며
리듬 타느라 고갯짓 한창이더니
이제는 바닥이 났는지
다시 동요를 부르기 시작한다

"동구 바악~ 과수원길 아카시아꽃이 활짝 폈네에~"

할머니들은 유년으로 돌아가려나
동구 밖에서 부르는 티 없는 목소리
아카시아꽃 사방에 흩뿌리고 있네
삶의 끝자락쯤에서 부르는 어릴 때의 노래
지나던 낮달이 멈춰서서 듣고 있네

김행숙

월간 '시문학'으로 등단(1995)
시집 〈멀고 먼 숲〉 외 5권. 시선집 〈우리들의 봄날〉
〈적막한 손〉, 영역시집 〈As a lamp is lit〉
한국기독교문학상, 이화문학상, 창조문예문학상, 김기림문학대상
poetworld@hanmail.net

개봉1동 건영아파트 주변

현재 우리 동네가 널리 알려진 것은
장애인에 대한 종합적인 복지 서비스를 제공하는 에덴장애인종합복지관과
내과, 재활의학과, 신경과, 한방과, 재활치료, 혈액투석, 욕창관리,
양한방 협진을 하는 미소들요양병원이 있기 때문이다
피톤치드가 나오는 산책길 시설 좋은 잣절공원이
옆에 있으므로 입원은 오래 기다려야 차례가 온단다

개봉1동 우리 동네는 고척동 오류동과 개봉2동과 잇닿은
매봉산 아래 우뚝 솟은 209세대 18층 건영아파트와
아래쪽은 80년대 건설 붐으로 건축된 상가와 빌라촌
에덴장애인종합복지관과 미소들요양병원 개봉중학교
그리고 대부분 3, 4층 빌라촌 건물 사이 작은 공원과
어린이 놀이터가 있고 마트를 겸한 마당 쉼터가 있다

지팡이나 전동차를 이용하는 노령인구가 늘어나는 동네
울창한 숲과 습지공원이 있는 공기 좋은 산 아래 동네
우리 마을에 오려면 개봉중학교 아래가 종점인
개봉전철역 북광장에서 마을버스 2번을 타면 된다

남부순환도로부터 산쪽으로 벋은 5백 미터 정도 도로 양쪽 상가에는
어린이집 마트 약국 세탁소 꽃집 피자집 떡집 빵집 커피점 정육점 노래방
미장원 이발소 동물미장원 철물점 한의원 병원 치과 부동산 페인트 가게
화장품 가게 해장국집 곱창집 김밥집 반찬가게 칼국수집 DC백화점 등이 있어
먼 시장에 안 가도 불편 없이 사는 곳, 그러나 500M 상가 밀집 도로에
들어서면 택시 기사가 자주 투덜대며 들어오는 예스러운 동네이다

잣절공원 산책

여명이 밝아올 무렵 웬 병아리 소린가
창문을 열고 보니 온갖 새 새끼들이 삐약삐약
저녁 식사 후 산책에 나서면 어둑어둑
습지공원 나무다리 건널 때 불빛 번쩍!

가로등 점등과 동시에 울려오는 소리 개굴개굴

한쪽에선 밤낮없이 뿜어 올리는 분수 소리 높다
잣절공원 운치 있게 늘어선 능수버들 한들한들
연꽃과 온갖 물풀들 실바람에 향긋한 풀냄새 풀풀
아! 여기가 서울특별시 맞는가? 내 고향이로다

민문자

'서울문학'으로 시 등단(2004)
시집 〈시인공화국〉 〈독신주의〉 〈공작새 병풍〉 〈꽃시〉 〈금혼식〉 등
부부시집 〈반려자〉 〈꽃바람〉
한국현대시 작품상 수상
mjmin7@naver.com

왕십리에 살아요

사람들이 어디 사세요 물어보면 좋겠다
왕십리 살아요 이렇게 대답하고 싶어지니까
20년간 반포 살 때 복닥복닥 시끌벅적 두근두근 은근슬쩍 썩어가는 무리 속에 끼여 살 때는 아파트 평수 벤츠 비엠따블유 자동차 하버드 나왔네 예일 출신이네 공은 몇 개나 치세요 핸디 8이네 어쩌구 이런 자랑 과시 동네와는 다르다 왕십리는

퇴근길 지하철도 한 정거장 전에 내린다 행당시장 재래시장 시장 골목으로 들어가 흙 묻은 부추 벌레 먹은 상추 파는 가게에 들른다 왠지 연산군이 유배 가서 위리안치당하던 강화도쯤이나 어린 단종 영월 청령포쯤 될라나 이곳은 지금도 배추밭 똥지게 냄새라도 날 것 같아서 더 좋다 왕십리는

그러세요? 왕십리는 교통이 좋지요 하고 맞장구 치며 관심을 보이는 사람에게는 그럼요 왕십리는 종점이 아니라 출발역이에요 대답하며 왕십리 하고도 응봉동에 살아요 피아노 건반으로 도미솔 치는 소리가 나는 듯한 동네지요 기타 줄을 손톱으로 뜯는 듯한 음높이로 응봉동 하고 다시 한번 강조한다 서울숲도 가까워요 왕십리는

일층에 살아요 예전엔 엘리베이터 타고 삼층 사층 오층 칠층 십층 이십층 오르내리는 사람들이 부러웠지요 일층에 어떻게 사세요 층간소음은 심하지 않냐구요? 사각사각 종이 자르는 소리 티브이 보며 큰소리로 웃는 아저씨 째그렁 유리그릇 깨지는 소리 으아앙 하고 울어대는 아기들 울음소리가 늘 들리지요 사람 사는 집구석이니까요 그래서 잠도 잘 자요 자장가 같거든요 왕십리는요

만리동에서

지금은 서부역
늘씬한 유리벽 역사 부근
마루보시* 창고가 먹성 좋은 짐승 아가리처럼
커다랗게 입을 벌리고 있던 골목길
움푹움푹 파인 아스팔트 길바닥에는
야구공만한 말똥들이 굴러다니던 곳
흙탕물 튀기며 별☆판을 단 군용 지프가 들락거리던
무서운 방첩부대 담을 끼고 들어가면

거기 만리동 철도관사 삐걱거리는 이층 한 귀퉁이
타마구 냄새 진동하는 작은 다다미방에서
시골에서 올라와 야간중학교에 다니는
중학생 소년의 꿈이 솔솔 자라고 있다

눈이라도 내리면 만리동 고갯길에서 썰매를 타고
밤이면 밤마다 수백 촉 야광 불빛 새어나오는
영화촬영소 퀀셋 벽 틈으로
하늘나라 천사 같은 눈부신 여배우들
진한 메이크업 화장 분칠한 자태 몰래 훔쳐보다가
돌아온 날 밤에는 밤새 수음을 해대던 곳

만리동에서 그 소년은
그렇게 만리행을 시작했다
무엇이 기다릴까 궁금해하며

*마루보시 : 대한통운

민윤기

중앙대 국문과 졸업, 월간 '시문학'으로 등단(1966)
시집 〈유민〉〈시는 시다〉〈삶에서 꿈으로〉〈서서, 울고 싶은 날이 많다〉 등
문화비평서 〈그래도 20세기는 좋았다〉〈소파 방정환 평전〉 등
책임편집 〈윤동주가 살아 있다〉, 취재기 〈다음 생에 만나고 싶은 시인을 찾아서〉 등
현재 '월간시인' 발행인, piero6437@naver.com

인사동이 빗물에 떠 있다

폭염이 사람을 짠다

연일 이어진 불볕더위에서 헉헉거리다
벗들을 만난 날

사람들로 넘쳐나는 거리
세차게 카페 창을 두드리는 빗줄기와
너울거리는 비바람에 눈길이 가
친구들 이야기에 집중하면서
간간이 창밖에서 벌어지는 비 잔치에
화답을 한다

폭우에 섬이 된 인사동
출렁거리는 빗물에 떠 있는
건물이 나룻배다

바람에 흩날리는 안개 입자
춤추는 비의 선이 창에 어룽거린다

부러진 빗줄기

어린 시절 국수공장 앞엘 지나가면
대나무 걸이에 흰 빗줄기가 걸린
울창한 국수 숲을 만난다

하굣길의 아이들 그 숲에 이르면
정글 누비듯 국수 사이를 달려나간다

국수를 말리던 아저씨의 천둥 같은 불호령에
참새처럼 흩어져 간 바닥엔
부러진 빗줄기가 깔렸었다

꽁무니 빠지게 달음질쳐 갔다
약속도 없이 다시 모여서
자치기 땅따먹기에 해지는 줄 모르다가
엄마 손에 이끌려가던

지금도 내 가슴 속 국수공장 마당엔
철부지 동무들이 국수 정글을 누비고 있다

박강남

'한맥문학' 신인상 당선(1995)
시집 〈그리운 날에는 바람으로 살고 싶다〉 〈사랑이 내게로 와서〉
〈산이 웃고 바람은 달려오고〉 〈입술〉 〈바람없어도 흩날리는 꽃잎〉
영랑문학상 본상, 농민문학 작가상 수상
pkn1213@hanmail.net

도레미사장의 사장은 어디 갔을까

도감독은 단독 싱글 테이크 기법으로
숏, 숏
멋진 포즈로 2월의 흑백무성영화를 개봉한다
변사도 없이

그는 카메라 들고 조감독도 없이
몇 날 며칠을 우리들이 원하는 교정 공원에서 펜싱과 양궁 경기 모습을,
정원에서 가야금과 양금연주를 촬영한다
미술실과 무용실에서 과학실험실과 도서실에서도 촬영을 한다
피죽도 못 먹은 듯 바싹 마른 도감독
밤샘 촬영이 없어 다행이다
발레리나를 꿈꾸는 여고생에게는 하얀 튜튜 발레복 의상과 토슈즈 신은
백조 '오데뜨' 얼굴에 그 여고생 얼굴을 놀라운 기술로 합성한다

한 번도 탄 적이 없는 롤러스케이트 신은
검은 타이츠에 검정 미니 플레어스커트 입은 두 학생의 자연스런 포즈
도감독의 연출로 우리들의 꿈은 졸업 흑백앨범에서 이미 다 이뤘다

구름의 언덕을 뛰어다니던
도레미사장 자리엔 한아름 슈퍼마트가
웅크린 손을 뻗어 그 때 프레임을 콜라주한다
도레미도레미 풍금소리가 언뜻언뜻 들린다

이미 몇몇 친구는 명왕성이 되었는데
거울 속 나는 지금 어디에 있을까

폄하는 모나리자와 노란 카페

고흐, 뭉크가 오래전부터 살고 있었나 보다
여기 샤로수길 입구 2층에
모나리자도 폄하는지 흰 머리 염색하는지
비닐 커버를 쓰고 CF모델처럼 앉아 있다

소수점 이하의 숫자까지
토끼 눈으로 롤러코스터 타면서
새벽을 마중한 우리는
2022년 20대 대통령선거 개표 방송을
아나운서의 잠긴 목소리로 들어야만 했다

새 역사가 서술되는 볼그레한 봄
털복숭이를 풍선처럼 쑤욱 부풀리는 목련
보기도 전에 서둘러 봄 햇살에

노란 병아리 품은 민들레
울어도 눈물 없이 날아가는 홍여새도
지금 우크라이나의 서러운 이야기를 들어야 한다

이제는 고흐의 그림처럼
노란 카페 차양과 황금색 불빛이 흐르는 테라스에
뭉크의 '절규'를 데리고
우리는 분홍 낮달맞이꽃 미소로 식사를 해야 한다
와인 잔에 차이나블루 별빛이 가볍게 부서진다
'Starry starry night'

박연숙

홍익대 교육대학원 미술교육 전공
'계간문예'로 시 등단(2018)
시집 〈흐르는 물은 시간의 게스트하우스다〉
yeonsuk2992@daum.net

달토끼역
−폐역사가 된 화랑대 기차역

절구 공이 씨앗을 들고
북향으로 턱을 괸

기차는 돌아오지 않았고
초로의 저녁이 떠났다

키가 자란 찰나에
이파리를 환승한다

박공지붕에 뜬
그루의 별이
역사의 신상을 털어

기울어지는 쪽으로 걸었다

장기가 깊은 새들이
열어둔 폐선로

기차가 떠난 공백으로

물 흐르는
바깥은 매일 걸음이 자랐다

뚜벅이로 일어선 첫 발이 장엄하다

향기의 서序
―중랑천 장미공원에서

천변에 핀
장미꽃은 세상을 잇는 다리

이어폰을 낀
우리들의 취향에 맞게
사회적으로 신분을 쌓았다

향기는 몸통보다 커
지축을 아우르는
강인한 뒤태가 있다

우주를 돌아
물의 테라스를 낀 은밀한 이야기는
두 말과 세 말 사이에서 싹이 터
붉거나 파랗거나

우월한 유전자의 집착이다

색 바랜 애인처럼 해가 질 줄 모르는

넌,
남북으로 갈라진 지도보다 품이 커
가시가 무색할 때가 있다

박이영

중앙대 예술대학원 창작전문가 과정 수료
동국대 대학원 국어국문학과 석사과정
'예술가' 신인상으로 등단(2016)
bsjs1020@hanmail.net

영주에게

지금도 꿈에 보이는 아카시아 언덕길
돈암동 산꼭대기에 종소리도 정다운 정덕초등학교
담임선생님 오시는 길에 마중 나가던 우리들 중 영주도 있었지,
6학년 때인가 네가 결석한 이튿날 동화 속 공주님처럼 예쁜 빨강 원피스를 입고 왔다.
어제는 우리 엄마 상 타는 날이라 못 왔다며 조잘대던 그날이 훗날 생각하니 박경리 작가의 "불신시대"가 현대문학에 당선된 시상식이었나 보다.

너의 집은 돈암동 사거리 아리랑고갯길 코너에 있었지.
외할머니께서 구멍가게를 하셨고 가게에 딸린 방 한켠에서 어머니는 앉은뱅이책상에 앉아 글을 쓰셨던 기억이 새롭다.
가녀린 등허리에 흘러내리던 맑고 슬픈 영혼이 한국문학의 자존심 "토지"를 낳으셨지.
졸업 후 너의 남편이 '오적 사건'으로 감옥에 있을 때, 내 꿈에 베옷 입은 사람들을 많이 봐 이상했는데 그날 신문에서 석방 소식을 보고 얼마나 기뻤는지.
세월이 흘러 어머님도 가시고 영주가 토지문화재단 이사장일 때 만나자고 전화하니 그날 항암 주사를 맞으러 간다고 아쉬워했지.
그 후 몇 달 지나서 내게 온 전화에 병이 차도를 보이지 않아 우울하다는 목소리 듣고 수일 내로 만나러 가겠다고 약속하고는 내일, 내일 미룬 것이 너의 슬픈 소식을 접하고야 내일은 없다는 것을 안다.
나보다 먼저 간 저세상의 선생님이 된 영주,
그 옛날 선생님에게 하듯 내가 마중 나가 기다릴게.

우리 동네 목련상점

커다란 유리창 안으로
갖가지 모양의 도자기 그릇 옹기종기
앙증맞은 대바구니도 까꿍.
유리창 밖에는
형형색색 꽃 화분이 가게를 에워쌌다.
목련꽃같이 청순한 아가씨가 주인이다.
오래된 주택가 반지하방을 헐고
그녀의 아버지가 손수 만들어 주신 가게.
'목련상점'이라고 나무판자에 새긴 간판을 세워 놓았다.
목련꽃 만발하던 건너집이
오층 연립이 되는 요즈음
순수하던 한때를 되찾은 것처럼 두근거린다.
손님은 별로 보이지 않지만
인터넷주문이 쏠쏠하단다.
메마른 내 시詩보다 더욱 시적인
목련상점 앞에서.

박후자

'문예한국'으로 등단(1996)
시집 〈그림자를 세워 집을 짓는다〉 〈은빛 화살로 꽂히고 싶다〉
이대동창문인회, 청시, 백합문인회 회원
phooja@hanmail.net

긴 아쉬움
-잠원동

아직도 나를 찾는 우편물이 오고 있을지도 몰라
강물이 솟구쳐 보석이 되는 밤
별을 베고 누운 반포대교 건너
푸르른 시절을 보낸 그 집으로 가네
우리 살던 아파트는 온데간데없고
낯선 33층 아파트가 우뚝 마중하네

책가방 위에 올라서서
엘리베이터 안의 버튼을 누르던 막내가 직장인이 되고
딸을 결혼시킬 때까지 살던 곳
강변의 찬란한 불빛들은 그래도 나를 알아보겠지

우리가 강변을 떠나려 모의할 그때
바람은 답답한 현관문을 얼마나 세차게 두드렸을까
반포대교 앞을 자기네 뒷마당처럼 놀던 아이들
뉴코아백화점에서 장봐 집까지 카트 밀며
참 많이도 깔깔거리며 신났었지

일생의 황금기를 보낸 눈부시게 새콤하게 그리운 그곳
목이 메어
건너온 강물이라도 한 사발 들이켜고 싶네
고향이 어디냐고 물으면 선뜻 여기라고 말할 거야.

사금파리 단상 斷想

어릴 적 우리 집은 동대문 밖 둥근 돌기둥 집
현관 앞 두 기둥은 한 팔 둘레를 넘었지
마루 밑에 감춰둔 사금파리로 기둥을 긁어
흰 가루 두 손으로 싹싹 얼굴에 부비면
보드라운 감촉이 참을 수 없는 비단결이었어
친구와 분칠하며 깔깔대면 하루해가 다 저물었지
손가락 처매며 맞춘 연장
소꿉놀이 사방치기 금 긋기에 소중한 보물이었어

어느 날 사금파리 놀음하다
문득 조용해진 현관문을 급히 열어보았지
한바탕 북새통이던 신발들 모두 사라지고
할아버지 사진이 찍힌 종잇장만 수북했어
국회의원 선거에 낙선하신 할아버지
유리문을 똑똑 두드려도
응접실 어항만 들여다보시며 할아버지는 미동도 없었어
길 잘든 사금파리 하나면 모두 해결되던 때
할아버지 등은 돌기둥보다 더 단단해 보였어
들어오너라! 말씀 기다리며 조몰락거리던 마니또
사금파리 감춰둔 돌기둥 집 한번 찾아보고 싶네.

방지원

'문예한국' 시 등단(1999)
시집 〈한 고슴도치의 사랑〉 〈비단슬리퍼〉 〈달에서 춤을〉 〈짝사랑은 아닌가 봐〉
〈치즈가 녹기 시작하는 온도〉 〈사막의 혀〉
김기림문학상 대상. 계간문예 문학상.
bjw812@hanmail.net

동네북의 사명

심심해서 한 번 쳐서 둥둥둥
스트레스 푼다고 한 번 쳐서 둥둥둥
즐겁다고 한 번 쳐서 둥둥둥
둥둥둥 둥둥둥 북소리가 울린다
지나는 행인들의 만만한 대상으로
두드려 맞는 아픔이 서려 와도
불평 한 마디 못하고
자신의 아픔을 들어줄 사람 하나 없이
대항할 힘 없는 떨린 몸짓으로
허공을 향해 둥둥둥 둥둥둥 소리만을 날린다
고즈넉이 자신의 사명만을 감당한다
동네북은 외롭다
동네북은 힘들다
동네북은 아프다
그래도 이것이
자신의 운명이려니
자신의 사명이려니
생각하면서 하루하루를 보낸다
오늘 문득, 동네북 속에서
한 사명자의 아련한 아픔이 가슴을 스친다

동네 한 바퀴

운동하면서 동네 한 바퀴
생필품 사러 다니면서 동네 한 바퀴
도란도란 이야기를 나누면서 동네 한 바퀴
가끔씩은 동네 한 바퀴를 돌고 돌면서
사람 사는 맛을 느껴 본다
언제나 눈에 선하게 보이는 익숙한 길
언제나 고정된 공간 속에서
가끔씩 아는 지인과 마주치기라도 하면
고개 인사 눈인사를 살짝살짝 나누기도 한다
동네 한 바퀴를 돌면서
곧바로 집으로 돌아오는 경우도 있지만,
때로는 이곳저곳을 기웃거리면서
이것저것을 사기도 하고
이 사람 저 사람을 만나면서 소소한 정을 나눈다
동네를 돌고 돌면서 볼일도 보고
사람들 사는 풍습도 익히고
시간의 흐름 속에서
공간의 멈춤 속에서
동네의 서정에 물들고 익숙해진 습관으로
오늘도 동네 한 바퀴를 돌아본다

배미자

충남 서천 출생
시집 〈시로써 삶을 노래하리라〉 〈빗속을 달리는 열차는〉
〈가슴으로 그리는 삶〉
soteria1227@naver.com

신용비어천가

감자탕 골목집 차림표가 재밌어요

좋다 7,000원
최고다 9,000원
무진장 10,000원
혹시나 15,000원

태조 37년 역사와 전통을 자랑하는 감잣국

뭘 먹어도 꽃 좋고 열매 많도다
하지만 '혹시나'가 으뜸이네

뿌리 깊은 나무에 궁금 새알심 버무려
바람에 아니 흔들리면서
사랑과 함께 후루룩 쩝쩝 마셔 보는, 국물 '최고다'

샘이 깊은 물이 바다까지 달려가는
가뭄에 아니 그치게 '무진장' 말아주는
할아버지의 미소 아니면 할머니의 걸쭉한 욕바가지
'좋다'를 크나큰 성은聖恩에 넙죽 받자옵나이다,

CCTV 얼굴 확인함

지하주차장에서 트렉스타 신발
가져가신 분 경비실에 조용히 갔다 놓으세요
신고 안 하겠습니다.

'갔다'의 엄포는 '갖다'를 굴복시켰다는 전설이
우리 아파트에서 순하게 익어갈 때

담배 연기에게 가벼운 잽을 날린다

이웃을 배려하여 주세요~ 당신의 금연!!!
가족과 이웃을 웃게 합니다!!

담배 연기가 현관문 앞으로 되받아친다

저희 집엔 흡연자 없고, 저희도 간접 흡연 피해자입니다.
이렇게 무례한 행동은 더 화납니다.

씨씨티비는 분해를 피해 자폭을 향해
차가운 몸살에 눈알만 굴린다는 민담이 채록된다

서범석

'시와의식' 신인문학상 평론 당선(1987), '시와시학'으로 시 등단(1995)
시집 〈풍경화 다섯〉 〈휘풀〉 〈하느님의 카메라〉 등
비평집 〈문학과 사회비평〉 〈비평의 빈 자리와 존재 현실〉 등
현재 대진대학교 명예교수
sbs96@hanmail.net

우리 동네 세탁소

우리 동네 세탁소를 지날 때마다
이런 생각을 해 보곤 한다.
저기 어쩌면 내가 세탁을 맡기고 찾아가지 않는 옷이 있을지 몰라.
너무나 가슴 아픈 날에 꼭 입어야 할 위로의 옷이 있다면 찾으러 가자.
너무나 가슴 벅찬 기쁜 날에 어울리는 환희의 옷이 있다면 찾으러 가야지.
바람이 너무 불어 마음에 바람이 들어온 날,
내 깊은 가슴까지 따뜻하게 해 줄 포근한 옷이 기다리고 있을지도 몰라.
슬픔이 넘쳐흘러 얼룩진 내 몸에
꽃이 되어 피어 줄 그런 꽃씨 같은 옷이
구석에 숨어 환하게 웃고 있다면
나는 매일, 세탁소에 갈 거야.
나에게 어울리는 그 옷을 찾으러 말이야.

해바라기 피어나는 동네

내 마음속에는
뜨거운 햇살 아래 해바라기 피어나는 동네가 있어
걷다 보면 까맣게 타버리는 해바라기 씨앗이 되는
유년의 배어 있던 회색의 슬픔이
지독히도 태양을 사랑하는 노란 꽃이 되어
태양의 아래에서도 길을 걷게 하는 동네

모자를 프랑스어로 샤포라고 하지요
태양빛이 너무 뜨거워 유년의 슬픔을 숯으로 만들어 버리려 한다면
해바라기 수놓아진 샤포를 쓰고 걷겠어요.
황금의 빛을 누렇게 바래는 폭력의 빛이 제 마음의 슬픔을 찌르면
저는 해바라기가 되겠어요.
내 마음의 동네에 해바라기를 심겠어요.
잃어버린 유년의 기억이 아픔으로 얼룩져
울고 있는 아이의 마음에 해바라기를 선물하겠어요.
그 아이에게 작은 집을 지어주겠어요.
해바라기가 만발한 길을 걸어가야 보이는
황금의 빛을 온전히 품고 있는 작은 집을 향해
그 아이와 함께 걸어가겠어요.

서수영

'월간시' 제1회 '윤동주신인상'으로 등단(2021)
aimenuage@naver.com

개포시장

    닭강정 가게, 일식집, 횟집, 잘나가는 편의점,
    아이스크림 가게, 핸드폰 가게, 미용실, 냉면집,
    사진집, 복권방, 화실, 헬스장, 떡볶이집, 은행,
    옷 수선집, 병원, 병원 2, 병원 3, 칼국수집, 피자집,
    커피전문점, 횟집, 정육점, 학원, 학원 2, 학원 3,
    부동산, 과일가게, 와플집, 토스트 가게, 순댓국밥집 등등등

    강아지는 돌아다니고,
    나도 돌아다니고
    엄마는 만둣집 건너편 정육점을 좋아하세요
    (쉿, 비밀이에요)
    저는 종종 우삼겹전골을 먹으러 마실을 갑니다

    커피집에는 항상 사람이 많아요

    선불카드를 이용해 음료를 마시고요
    배가 고플 때에는 편의점 도시락 코너를 훑어보다가
    결국에는 항상 먹던 과자를 고릅니다

    영원한 건 없으니까요 결국 모든 것이 변하겠죠
    추억만이 함께 했던 사람들과 기억 속에 영원하겠죠

    저녁 시장은 편의점 불빛이 반짝거리고,
    학원에서 돌아가는 학생들, 퇴근하는 사람들,
    간간이 보이는 지나가는 사람들
    반짝반짝 불빛은 반짝반짝,
    시장의 불빛은 내일도 집에 가는 길을 비출거예요 반짝반짝
    반짝반짝

돌들이 집이 되는 시간

우리는, 뛰어넘었습니다 어제의 과거를
아파트의 분양광고

늠름하게 올라간 건축자재들
아침에 마주했던 노동자들
우리, 출근 길의
방향은 다르지만 짐작할 수 있었어요
당신이 어디로 가고 있었는지

보이던 산이 보이지 않던 이유
건물이 올라가는 중입니다

아름다운 장소가 눈앞에 있어요
저는
방의 창문에 앉아
지난 변화를 회상했습니다

손세하

'월간시' 제5회 '윤동주신인상'으로 등단(2022)
조리실무사
pupppo@naver.com

도산공원을 걸으며

내가 살고 있는 우리 동네 도산공원*에는
공원 안쪽 양지바른 곳에, 암흑의 일제 말기
조국광복을 위하여 미국으로 상해로 해외를
누비시며 불철주야 뼈를 깎으시던 이 시대의
선각자 도산 안창호 선생님이 고이 잠들어 계신다

그렇게 열망하시던 광복 조국, 대한민국 땅에
묻히시어 봄이면 꽃이 피고 새가 노래하고
뜨거운 여름 붉디붉은 배롱나무 꽃가지에 청아한
매미 소리 울려 퍼지고 겨울이면 하얗게 눈 내려
포근하니 지하에서 얼마나 기뻐하실까

몸은 비록 땅속에 묻혀 있어도 그의 귀한 말씀은
여기저기 수 놓아져 밤하늘 별처럼 반짝이고 있다

"진리는 반드시 따르는 자가 있고,
정의는 반드시 이루는 날이 있다."

나는 거의 날마다 도산공원에 나가 한 두 바퀴 걸으며
선생님의 말씀을 새겨듣는데 높다란 태극기가
파아란 하늘을 향해 힘차게 펄럭이고 있다

구두수선 전문가 아저씨

우리 동네 학동네거리에는 한 평 남짓한
간이점포에 40여 년 긴 세월 동안 거의
하루도 빠지지 않고 나와 낡은 구두를 고쳐
주시는 구두수선 전문가 아저씨가 계신다

언제나 만면 가득한 웃음으로
손님을 맞으며 허름한 구두를 감쪽같이
새 구두로 변신을 시킨다

그런데 세월이 변해 요즘은 남녀노소
누구나 운동화가 대세이고 그나마 구두도
고쳐 쓰는 사람이 점점 줄어져 구두 수선업도
이제 사양길로 접어들고 있다는 걱정 소리에
안타까운 마음이다

시골 동네 당산나무 같은 동네 지킴이 아저씨,
어려워도 힘내시고 고유의 함박 같은 풍성한
웃음으로 오래오래 만나 뵐 수 있기를….

송낙현

'예술세계'로 등단(2011)
시집 〈바람에 앉아〉 〈강물도 역사를 쓴다〉 〈안개 속에 떠오르는 해〉
영랑문학상 본상, 시세계문학상 본상, 경맥문학상,
순수문학상 대상, 산문학상 수상
snhy@hanmail.net

나 여기 살아요

베란다에 서면 저 멀리 관악산이 보이고
뒤로는 한강이 보이는 고층 아파트 22층
살다가 지치면 하늘에 고하고
답답한 마음은 강물에 씻는다

저녁 먹고 슬슬 백화점에도 가고
고속버스 터미널도 코앞에 있는 동네
딸네도 아들네도 어머니 댁도
가까이 모여 산다, 이사하기 잘했다

우리 집 위층에는 이소예 시인이 살고
저녁 먹고 슬리퍼 신고 천천히 걸어가면
고속버스 터미널까지 걸어서 10분
오늘은 모처럼 산책이나 할까
피천득 길도 즐길 수 있는 곳
나는 오늘도 인연 속에 산다

이사 온 지 벌써 10여 년, 살수록 깊은 정
서초구 반포대로 이백 몇 번지
나 지금 여기에 살고 있어요
눈감고도 갈 수 있는 우리 동네 우리 집

그런 때가 있었습니다

인천 전동 33번지 어린 시절 살던 집
뒷마당 우물에 두레박을 던져
흔들리는 내 얼굴을 길어 올렸습니다
펌프질로 쏟아지던 얼음 같은 그 물에
첨벙대며 발을 씻던 그런 때가 있었습니다

은행나무 두 그루가 마주 보는 뒷마당
가을이면 아저씨가 은행을 털고
엄청난 냄새를 맡으며 발을 비비던 때

뒤쪽 언덕 밑에 숨어 있던 방공호
양쪽 소나무에 밧줄로 매어 놓은 그네
발을 굴러 높이 높이 날았습니다
어느 겨울 죽어서 날지 못하는 참새를
언 땅을 파고 울며 묻던 그런 때

대문 밖에서 아이스케키통을 매고
"아이스케키" 하고 외치던 소년
엿장수의 가위소리도 들리던
그런 때가 있었습니다

지금은 작은아버지가 60여 년째 살고 있는 집
은행나무는 여전히 옛날처럼 서 있지만
우물도 방공호도 보이지 않습니다
그러나 내 맘속에 남아 있습니다

심현식

서울예고, 한양대 음대(기악 플루트 전공) 졸업
계간 '인간과문학'으로 등단(2020)
시집 〈시간이 나를 데려가듯이〉 〈그 찻집 로젠켈러〉 등
수요시학당, 연자당시담회 회원
shimlees@hanmail.net

배봉산 둘레길을 아시나요

　서울에서 제일간다는 걷기 좋은 숲속 산책길
　동대문구의 대표 명소 배봉산 둘레길을 아시나요

　그리 크지 않은 산이긴 하지만
　조선 정조의 흔적이 남아 있는 유서 깊은 곳으로,
　전국적으로 알려진 회기동의 국립산림과학원은 물론,
　강남으로 이어진 중랑천 뚝방길에 새로 조성된
　서울시 최장의 장미공원, 장안동 벚꽃길과 더불어
　동대문 구역 주민들에게 많은 사랑을 받고 있지요

　"무장애둘레길"이라 하여
　장애인도 쉽게 오를 수 있도록
　전 구간을 나무데크로 설치하여,
　전동휠체어와 유모차, 보행 약자도
　산책에 문제가 없도록 배려해 놓았는데
　국내 최장데크길이라 하네요
　둘레길에는 배봉산 숲속도서관도 있는데요
　보기엔 아담하지만 도서는 만육천 권이 넘는다지요

　배봉산 둘레길 정상의 전망대 '해맞이광장'은
　여기서 빼놓을 수 없는 코스로서
　일출과 노을, 서울 전경을 두루두루 즐겨볼 수 있구요
　산책길을 오르내리면서 들를 수 있는 히어리 광장의 히어리는
　우리나라에서만 자라는 희귀식물로
　환경부가 지정한 멸종위기 2급의 야생초라는군요

　아, 그리고 무엇보다 자랑스러운 건요
　싱그러운 산내음 산새들의 지절거림 속에
　철쭉 꽃 벚꽃이 다투어 피어나는 둘

레길 곳곳에
　우리 동대문문인회 시인들의 정갈
하고 아름다운 시들이
　정감있는 나무판에 쓰여져
　오가는 시선들을 끌고 있다는 사
실이지요

　안혜초의 시 '쓸쓸함 한 잔'과 '가
슴에 쓰는 편지'도 반가운 만남을 기
다리고 있답니다

　쓸쓸함 한 잔
　드실까요

초가을 맑으나 맑은
말씀으로
고여서 오는
초가을 높으나 높은
하늘빛깔의
머언 그리움
'한 숟갈 넣어서
-「쓸쓸함 한 잔」

그리움만이 그리움이
아닌 것처럼

기다림만이 기다림이
아니라는 걸

가을 가고 겨울 오며
겨울 가고 봄이 오며

알게 모르게 수시로
느껴지곤 합니다
-「가슴에 쓰는 편지」

안혜초

이화여대 영문과 졸업, '현대문학'으로 등단(1967)
시집 〈귤 레몬 탱자〉〈말속의 뼈〉〈아직도〉〈쓸쓸한 줌〉
〈내 안의 또 한 사람〉〈잃었으나 얻었지요〉 등 다수
일붕문학상, 한국기독교문학상, 한국문학예술상, 윤동주문학상,
영랑문학상, 동대문문학상 등 수상
현 서울시인협회 상임고문
ahc0909@daum.net

색동고무신

대방동 딸부잣집 유가네 다섯 살 꼬마
몇 날 며칠 집요하게 가난한 어머니를 졸라
드디어 사월 장날 손에 넣은 색동고무신

흙 묻어 더럽힐까
개똥 묻어 더럽힐까 아끼는 마음에
신기는커녕 발바닥에 대보지도 못한 채
가슴에 품고서 동네방네 자랑질로 바빠

앞으로 폴짝 뒤로 팔짝
뒤따르는 해피*도 펄쩍펄쩍 덩달아 신나
저러다 엎어지지, 저러다 자빠지지
속 타는 어머니는 신 내린 무당 수준
까불까불 촐랑대며 외나무다리 건널 때
기어이 "첨벙"

아뿔싸, 싸한 느낌
손에 남은 건 색동고무신 한 짝
꿈이라면, 제발 꿈이기를 간절히 바라보지만
멍한 눈 다섯 살 꼬마가 처한 건 기막힌 현실
상실감에 허전함이 곱하기 되어 뒤엉킨
생애 첫 크나큰 상처

*해피 : 집에서 기르던 개(잡종, 똥개라 불리기도 함)

정답 없는 세상

이 사람 아닌 저 사람 말을 믿었어야 했으려나
이 사람 아닌 저 사람을 선택했다면 어땠을까

이렇게 일했기에 이 정도 살았으려나
저렇게 살았어야 옳았을까

이 길로 왔기에 여기까지 왔으려나
저 길로 왔다면 더 빨랐을까

이렇게 키웠기에 그럭저럭 자랐으려나
그때, 그 순간
눈 질끈 감고 나서지 말았어야 했을까

사랑이라 포장한 집착이 사람을 망치려나
자유라고 포장한 냉정이 사람을 더 망칠까

제시된 보기 ①②③④⑤ 중에 바른 것을 고르시오.
세상 살며 내 앞에 놓인 수많은 문항들
오지선다는커녕 50% 확률 두 개의 보기에도 갈피를 못 잡거늘

되돌아가
이것 아닌 저것을 선택했다 하여도
그것이 정답인지 아닌지는 오직 전지전능의 신만 아실 뿐
세상사 보기에는 정답이 없다
아니, 해를 거듭해 살아봐도 솔직히 점점 더 모르겠다

유경희

'한국시학' 신인상으로 등단(2016)
시집 〈하룻강아지의 꿈〉 〈수국이 피는 자리에 접시꽃 피다〉
동인지 〈셋 1, 2, 3 권〉
ukh415@hanmail.net

시장 사람들

그대 어렸을 적 엄마 손을 부여잡고
번잡한 시장 거리를 걸어보았는가
눈이 휘둥그레지고 가슴이 콩닥거리게 하는

가난이 재주를 넘으면 신기에 가까운
달인의 모습들로 변신한다는 것을

점심 무렵 아낙들은 은빛 쟁반에다
김이 나는 백반을 첩첩이 쌓아
머리에 이고 아무렇지도 않게
시장 골목을 누비며 다니고

평양냉면 면을 뽑는 사내는
긴 장대에 매달려 시소를 타듯
오르락내리락 하는데
쳐다보는 내내 멀미가 날 것 같고

등받이가 높다란 짐 자전거에
옷감 원단을 가득 실은 청년은
차들 사이로 헤집고 다니고

신명나게 살아가던 사람들이 있어
지난했던 시절이었지만
추억이 아름다운 시장이 되었다

문학서점

언덕 위 아담한 벽돌집
보랏빛이 도는 진한 적색 벽돌은
씨줄과 날줄처럼 맞물려 있어
문학을 사랑하는 주인 닮았다

생활 속에 온전하게 남아 있는 정
갈함으로
칠월의 초록빛 산제비난 같은 여
유로움으로
길 위의 그대에게 기꺼이 쉼터가
되어주리

아침이 서점 창문을 두드리고
산자락에서 불어오는 산들바람은
어머니의 자장가마냥 아늑한데

한낮의 햇볕은 따가운 갈증

그대를 기다리며 창밖을 보네

거리에서 마주쳤던 그대 눈동자
천년도 전에 보았던 그 눈빛
되살아나며 안기는 적막한 인연

길 위의 그대 문득 찾아와
못다 한 이야기 들려준다면
그대 두 손 마주 잡고
책 속에 내려와 머무는
밤하늘의 별을 바라보리라

윤동수

한국방송통신대 국문학과 졸업
'월간시' 제34회 '추천시인상'으로 등단(2023)
문연학술문학상 우수상 수상
dsyoon08@naver.com

우리 동네 난향동

내가 거주하는 마을은
난꽃 향기 그윽한 산동네
다정하게 병풍처럼 둘러싸인
삼성산과 호암산에 등 기대어 살아간다

아침에 눈 뜨면 마주하는 온갖 산새 소리
새파란 하늘과 뭉게구름
하얀 구름 사이로 쏟아지는 햇살 벗하며
한결같이 눈 호강 시켜준다
어디 그뿐이랴 앞문 뒷문 열어놓으면
솔바람이 불어와서 어찌나 시원한지
자연의 혜택을 단단히 보는 셈이다

이곳은 예전에 강씨 성을 가진 장군이 기거하면서
난꽃을 길렀다고 해서 난곡동이라 이름 지었다는데

2006년 재개발로 수천 세대의 아파트 단지가 조성되면서
지금의 예쁜 이름 난향동이라고 개명했다 한다

들꽃 같은 마음으로 추억을 관조하며
공기 좋고 풍경 좋은 곳에서 여유롭게 살아가니
이 얼마나 고마운 일인가?
숲이 주는 맑은 공기를 마시며
정신적 풍요를 가슴 벅차게 느끼며
자연의 질서에 순응하면서
하늘에 수놓는 수많은 반짝이는 별들과
천 개의 바람이 되어
나 이곳에서 영원히 머물고 싶어라

그 여인

삶의 길목에서
다정하게 다가와
소통하자던 그 여자
미소 띤 얼굴에
속내를 알 수는 없지만
사람 좋아하던 난
거절할 수 없었던 거지

시간 흘러가니
본성이 나오더라고
달면 좋고 쓰면 뱉는데
익기도 전에 풋정이 툭 떨어지던걸
이건 아니지 싶어 거리두기 했더니
제 발이 저린지 절룩거리네

얼마나 안다고 무례한 행동인가?
잘난 맛에 살 거라, 관심 놓았지
네 멋대로 내 멋대로 생긴 대로
무관심은 나를 위한 긴 거리 두기

여보시오 산 그림자는
자작자작 시 한 수
읊조리는 하얀 들꽃이라오
길거리에서 마주치면
성숙한 모습으로
미소 띤 얼굴로 넉넉한 마음으로
내가 먼저 인사한다
잘 지내시죠? 잘 다녀오세요.

이복연

충남 천안 출생
'국보문학'으로 등단(2010)
시집 〈황홀한 외박〉 〈가람과 뫼〉
lyreonnn@daum.net

낙산 언덕 동숭동 산동네

서울 대학로 지날 때마다 동숭동 꼭대기를 한참 본다

거의 대부분의 세월 내려다보며 지냈다
옛적 외가 대청마루에서 마당을 내려다보는 할아버지
추수하는 소작인들을 격려하고 있다

낙산 성벽은 아이들 놀이터다
역사가 남긴 석축의 돌덩이는 모난 데 없어 놀기 좋다
아바이는 손자 이름 크게 부르고 아이들 놀기에 바쁘다
다닥다닥 실향민들 모인 대문 없는 집
봉투 만들어 팔고 동대문 시장에서 생선 팔아 살아간다
입학 졸업 철엔 눈 아래 서울문리대 운동장
빠지지 않는 대통령의 축사가 온 마을 울리고 어깨 으쓱해진다
먼 시선으로도 동경의 눈길 보내고, 하늘은 푸르다

역사의 성벽 있고 6.25 실향민 내려다보고 살고
대학운동장에 젊은 똑똑한 다음 세대가 사는
동숭동 산동네
든든한 친정집을 떠 올린다.

낙산 언덕 동숭동 산동네에서 꿈꾸다

동숭동 산 6번지 엉성한 대문을 연다
흙벽돌집이 가까운 전경을 편안히 바라본다
좁은 마당에서 아버지는 남산과 창경궁과 이야기 나눈다
전문학교 시절의 낭만인가
동해를 통통배로 남하하던 가장의 무게인가

구름 낀 날은 구름 뒤에 가리운 그곳 그리고
맑은 날 남산과 창경궁과 대작한다

좁은 마당에서 남산 마주함은 예사롭지 않다
그 숲길과 한창 시절 한 장면을 꺼내 본다
창경궁의 숲은 담장이 당당해도 자유롭다
사람은 어느 순간 느끼는 자유로 자기가 놀란다

올라오기 숨차도 큰 사람과 대작할 수 있는 자 '나와 봐라'
산동네는 초라한 살림살이 살지만
마주하는 큰 그림으로 가슴 벅차다

문리대 운동장 옆길 따라 오르는 산동네
나는 아래 위로 헉헉거리며 꿈을 키우며 산다.

이 솔

월간 '시문학'으로 등단(2001)
시집 〈수자직으로 짜기〉 〈신갈씨의 외투〉 〈수묵화 속 새는 날아오르네〉
〈미술관 읽기〉 〈새는 날개로 완성한다〉 등
푸른시학상, 청마문학 신인상, 시문학상 수상
leesol1104@hanmail.net

엄청 자신 있는 만둣집

만두 이인분을 산다

부부의 손놀림이 분주하다
얇은 만두피에 주름을 잡아 나뭇잎 무늬를 넣는다

아내는 노랗게 탈색한 단발머리에
머리수건을 두르고 있다
남편은 짧은 스포츠형이다
투박한 손으로 찜통에 만두를 얹는다
나뭇잎과 친절을 덤으로 주는 가게

오 분 기다려야 만두가 쪄진다
바깥에 서서 지나는 사람들을 살펴본다

브라운색 푸들강아지를 끌고 가는 여자
자전거를 타고 가는 남자
평범한 일상이 거리에 있다

엄 자 만
이란 글자를 간판으로 크게 쓴 만둣집
김이 폭죽같이 오르고 타이머가 울린다

지나가는 사람들의 정겨운 모습이
수증기와 함께 겹쳐진다

은하빌라 옆 감나무

아이들이 햇볕처럼 쏟아지는 집

유월은 가고 있는데
후드득 몰려 떨어지는 감또개
꽃 지워진 자리 아물기도 전에
연두를 줍는다

비껴가는 햇볕을 안으로 들이며
잎새가 넓어지는 때
은하빌라 지붕으로 기울어지는
그늘이 모여 머문다

붙잡지 않아도
가지 끝 속살로 파고드는 발길이
소낙비 따라 멈춘다
다가올 까치 그림자를 올려다 본다

낡은 별 무리 집 옆 오래된 감나무
그 위를 징검징검 흘러가는 별자리들

홍시 속에 익어가는 귀뚜라미소리

이옥주

'월간시' 제21회 '추천시인상'으로 등단(2019)
시집 〈쓸쓸한 약〉 〈소나기 지나고 난 자리는 밝다〉
lojoo55@naver.com

시흥동 별장길

한참을 졸았나
107번 버스가 종점에 와 있다

이젠 낯선 시흥동 별장길
동네는 벌써 가을
뜨거운 햇볕 속에 가을이 숨어 왔다
담 밖으로 내밀고 서 있는 농익은 대추
담장에 얼기설기 매달려 있는 강낭콩
대문 마당에 널려 있는 붉은 고추

허공에 매달린 기억들
새롭다
아욱국 끓는 냄새 향수를 부르고
오래 잊고 살던 어머니
반겨 웃은 모습이 그려지고
눈물로도 부를 수 없는 추억을 걷는다

먼저 만난 가을
졸음이 모정 앞에 데려다 놓았다

목동사거리 노점상

목동사거리 은행 앞
한편에 웅크리고 앉은
노점상 할머니

팔려고 쌓아 올린 몇 무더기의
더덕, 사람들은 쳐다보지도 않고
바쁘게 지나간다

갑자기 나타난 은행 청원경찰
저쪽으로 멀리 치우라는 말에
매달리며 사정하는 할머니

스쳐 지나던 나의 발길을
멈추게 하는 코끝을 파고드는
더덕의 향기보다 짙은
절박한 삶의 향기

무겁다
더덕과 함께 담긴, 하얀 얼굴의
노점상 할머니의 일상.

이정수

'월간시' 제30회 '추천시인상'으로 등단(2021)
'문학과의식' 신인상으로 등단(2021)
현재 목동교회 목사
21prok@naver.com

작아서 큰, 도란도란 작은 도서관

도서관을 크게 만드는 것은 규모가 아니라 손님에 대한 환대다!
그 유명한 타고르 시인이 그렇게 얘기했다는 것을
도서관에 근무하면서 처음 알았어요
정년퇴직을 하고 나서 서울시의 지원을 받아
처음 직장을 잡아서 봉사 겸 직장 생활을 했던 도란도란 작은 도서관
초등학교 저학년 학생들은 숙제도 해야 하고 학원에 갈 시간을 기다려
우리 도서관의 베스트셀러『흔한 남매』를 읽으러 꼭 한 번씩은 들르지요
같이 근무하는 선생님들과 '이야기를 삽니다' 프로그램을 만들어서
아직 학교에 들어가지 못한 아이들하고는 그림책을 함께 읽지요
글씨를 아는 아이들의 이야기는 천천히 같이 들어주고
못 읽는 아이들에게는 또박또박 국어선생 출신답게 읽어줍니다
다 읽고 난 아이들에게 집에서 구워 온 과자를 나누어 주면
과자를 고르며 환하게 웃는 아이들의 얼굴을 보면
온 동네가 다 환해집니다
아이들이 그림을 그리면 도서관 벽에다 모두모두 붙여줍니다
이제 막 기기 시작한 은수는 우리 도서관에 와서 마음껏 기어다니고
엄마는 옆에서 책을 읽지요
아이들의 엄마들과는 '도란도란 북클럽'을 만들어서『내가 틀릴 수도 있습니다』를
읽으며 그래 내가 틀릴 수도 있지 하며 꼭 쥐었던 손을 펼 줄 알게 되고
『불편한 편의점』을 읽고는 착한 사마리아인 '염사장님'과 상처받은 치유자

'독고씨' 덕분에 사람 사이의 관계의 따뜻함에 대해 서로 이야기를 나눕니다
대하장편소설을 좋아하는 90대의 어르신을 모시고 온 딸이 어머니에게 책을
골라주는 곳, 크리마스가 오기도 전에 불을 밝혀 '미리 크리스마스'를 준비하는 곳
'세상으로 가득 찬 은하수'*인 우리 동네 작은 도란도란 도서관!

*미국 작가 리베카 솔닛은 도서관은 세상으로 가득 찬 은하수라고 하였다.

이종윤

월간 '시문학' 등단 (2021)
한국현대시인협회 사무차장
speroee4yi@naver.com

영등포구 도림동

도림동 성당에서
영등포 역으로 이어진
맥주공장 담장을 따라
아침이면 역 방향으로
저녁에는 성당 방향으로
개미처럼 갔다가
개미처럼 돌아오는 수많은 행렬
갈 때는 부은 얼굴
올 때는 처진 어깨
하루하루 고달파도
식구들 기다리는
저마다의 보금자리로
지금은 사방으로 길이 생기고
아파트단지 하늘을 가리고
공장 연기도 흩어지고
기억들도 흩어지고

대추나무

동네 앞 대추나무는

아이들의 어머니

학교에서 돌아오면

책가방만 던져두고

더러는 나무에 매달리고

더러는 그늘아래 구슬치기

가을이면 작대기를 휘둘러

떨어지는 대추를 주워먹고

해질 무렵 집으로 집으로

장에 갔다 오시는 어머니

머리에는 광주리

손에는 고등어 한 마리

동네 앞 대추나무는

아이들의 어머니

이한센

서울 출생
'월간시' 제9회 '추천시인상'으로 등단(2016)
현재 브라운아이의원 의사
hihansen@hanmail.net

매봉역에서 내리세요

서울 메트로 오렌지색 골라 타고서 매봉역에 내리면 4번 출구로 나오세요. 오래된 집들로 나지막한 동네, 삼백예순 날 매화꽃은 벙글어 있어요. 우리 동네 사람들은 늙은 나무등걸에 얹혀 살아도, 양재천을 끼고 있어 콧대가 높아요. 나이 들면, 딸네 집이 가까워야 한다기에 무턱대로 옮겨온 지 어언 15년, 양재천이 있는지도 모르면서 왔어요.

새로 피는 나뭇잎은 연두가 한창인데 '허물고 높이 짓자' 소리 점점 높아지고, '멀쩡한데 허물다니 당치 않다' 맞서서 지금 동네는 아수라장 속입니다. 상수리 벚나무 이팝나무 어쩔거나, 가지가 찢어지는 대추나무 살구나무 감나무 어쩔거나. 물정도 모르는 저 산수유와 명자꽃 진달래는 또 어쩔거나, 모두 베어 없애고 허물어 없앤 후 허공에 매달릴까. 땅속으로 잠겨들까.

그래도 오세요, 매봉역에서 내리세요, 4번 출구 앞에서 기다리겠습니다. 우리 천천히 걸어갑시다. 양재천 냇물따라 흘러봅시다.

우리 동네 여름 저녁

효순네 대문은 사철 열려 있었다, 그 집 평상은 동네 대합실, 다림질을 하려나, 풀 먹여 마른 빨래 버스럭대는 소리, 효순엄마 끊임없는 너털웃음 소리. 낳으면 딸 낳으면 또 딸, 일곱 딸을 낳는 동안 오장육부 문드러져 텅텅 빈 속을 너털웃음으로 채웠다는 효순엄마. 여덟 번째 아들 낳은 후, 군산시 신창동이 떠나가게 통곡했다지,

여름 저녁이면 온 마당 향긋하게 모깃불 타오르고 삶은 옥수수와 찐 감자 소쿠리째 내놓았지, 동네 마실꾼들은 마른 풀 연기 마시며 부채질을 하고, 우리는 봉숭아꽃 으깨어 아주까리 잎사귀로 꽁꽁 싸맸어. 효철이는 여덟 살, 온 동네의 외아들. '머시매가 글쎄, 무슨 봉숭아 물을 들인다냐,' 엄마가 소리소리 질러도 아무 소용 없었다 누나들이 하는 대로 따라 하면 끝이었다.

이향아

현대문학 추천으로 등단(1963-1966)
시집 〈오래된 슬픔 하나〉〈순례자의 편지〉 등 다수
한국문학상, 신석정문학상, 문덕수문학상 등 수상
호남대 명예교수, 서울시인협회 상임고문
poetry202@hanmail.net

고개를 숙이고
—구로구 안양천에서

이 나무들을 봐
흙투성이 몸이 힘겨워 보여

폭풍우 지나간 자리
고개를 숙이고 있어
허리를 구부리고 있어

살구 싶어서
부러지지 않으려고
비바람에 휘청이다 휘어진 나무

떨어지지 않으려는 진흙을 털어내니
휘이익
힘찬 휘파람 소리 내면서
굽었던 허리를 반듯이 세워

지난날의 아픔을 견디고
더욱 밝게 빛나는 나무

소나기가 올 때
쉬어가라고 그늘을 내밀어

푸른 평행선
−구로구 항동 푸른 수목원

푸른 철길이 자갈돌 따라 이어진다
숲의 나이테로 달리는 오솔길
나에게는 영원히 당신만이 동반자이다

평행으로 이어지는 푸른 줄기의 노선
철길 아래 자갈들은 햇살로 따뜻하게 데워지고
산딸나무는 아련한 웃음 열매 짓는다

앞날을 축복받는 선남선녀들
서로 함께라면 행복한 인생길
두 손을 꼬옥 잡는다
서로가 있어 이 길이 외롭지 않다는 듯
속삭이며 걸어가고
푸른 수목원은 꽃나무들 손을 흔든다

잠깐만,
멈춰 서서 느린 걸음으로 주위를 둘러보니
탁 트인 푸른 하늘과 참새들
노랫소리 맑고 청아하다

철길 옆 문학의 집 구로
흰 구름 쉬어가는 소리 듣는 듯
문학과 자연이 평행 노선 그린다

장꼭지

계간 '미래시학'으로 등단(2023)
사회복지사, 동화구연가, 노인심리상담사
kkokji321@naver.com

안녕, 서달산

사당동과 흑석동을 아우르는
아파트 뒷산
이삿날 받고 보니 벌써부터 그립다
오른쪽 고개 아래는 국립현충원
왼쪽 산 밑은 상도동 가는 길
삐삐삐 쬐르르 울새가 울고
꾸욱꾹~ 산비둘기 중얼거리고
휘~휘~ 휘파람새 노래하는 잣나무 삼림욕장
언제 봐도 빈집인 새들의 아파트
자물통 달고 길목이나 지키는 도토리 책장
해마다 사월이면 인파 부르는 능수벚꽃
청가시덩굴에 갇혀
얼굴 붉히는 뜨내기 해당화
애기나비 하나 잡아놓고 해종일 베 짜는 노랑독거미
우둑서니로 서 있는 연못가 재두루미
늦가을이면 경내 곳곳 붉고 노란 단풍 숲
눈에 덮여 고즈넉이 잠든 묘소들

아침노을이 찬란한 현충원
저녁노을이 황홀한 동작대銅雀臺
눈에 담고 가슴에 묻는다

우리 동네에 안양천 있어요

악취와 쓰레기로 유명했던 안양천
20년 전부터 돌보는 손길 많아 천국 되였네
하천 이 저쪽 70리 벚꽃 길
봄여름 가으내 피고 지는, 장미 백일홍 코스모스 등
제방 아래 수백 종 원예식물
갖가지 체육 시설, 텐트촌도 자랑감이네
장정 팔뚝보다 큰 잉어들은 한가로이 노닐다
너더댓 놈씩 엉켜 격투 같은 달음질도 하고
산란기 숭어들 눈 호사도 시켜주고
내 얼굴 만 한 자라가 부유했다 잠수하면
'그립다' 글씨 쓰는 물방개와 소금쟁이
추위쯤 아랑곳없이 먹이사냥 다니는
흰죽지 물총새 비오리 흰뺨검둥오리들
높다란 보안등 어깨에 모여 관망하는 가마우지들

덩치는 커도 외로움 잘 타는 먼산바라기 중백로
흰 댕기 까닥대며 깃털 고르는 우아한 쇠백로
웅크리고 졸기 잘하는 까만 댕기 왜가리들로
안양천은 영하에도 얼어붙지 않는다
유해조류 퇴치하여 환경 쾌적하고
풍성한 수초, 퇴적 섬과 모래톱
참참이 놓인 징검다리 여울로 수질 좋아진
금천교 철산교 광명교 사성교 오금교 신정교 구간
파충류 떡붕어 곤충들 많아
뜸부기와 해오라기, 갈매기도 마실 오는 조류 서식처
이만한 동네 쉽지 않으리라

정정근

'세대문학'으로 등단(1999)
시집 〈숨은 그림들〉 〈나도감나무〉 〈이즘도의 아침〉
서울문예상, 창작문학상, 문예춘추 최우수상
pansy48@hanmail.net

소망 탑

내가 사는 서리풀 동네
우면산 정상의 소망 탑

저마다의 소망을 하나
하나 돌에 담아 쌓은 탑

세월이 늘 무심하듯
언제나 무심한 표정

그래도 산에 오른 사람들
오늘도 꿈의 돌을 쌓는다

당신 46

당신은 내가 입장료도
내지 않고 들어선
서울대공원을
산책하는 거룩한 바람

그 바람을 맞으며 나는
당신의 손길을 느낍니다

오늘 나의 하루가
경건해집니다.

주광일

시집 〈저녁노을 속의 종소리〉로 시작 활동
시집 〈유형지로부터의 엽서〉〈당신과 세월〉, 순수문학상 대상 수상
변호사(한국 · 미국 워싱턴 D.C.) 법학박사, 전 국민고충처리 위원장,
전 서울고등검찰청 검사장, 전 세종대 석좌교수.
kichu0812@gmail.com

연희동

저 많은 꽃들 어디서 왔을까
어떤 물결이 마음에 들었을까
물어볼 수 없다
구멍구멍에서 꽃들이 피어난다

꽃인지 구멍인지 나는 힐끔거린다
장희빈이 먹었다는 우물가에서 젊은이들이 손을 씻는다

연희동
궁뜰 우물터 이야기 말고는

새끼 마담에게 테니스를 가르치던 의사 선생님의 낡아빠진 연애담 말고는
연대 앞의 울음 섞인 구호들이 방패를 뚫었다는 기사 말고는

최루탄 가스에
복개천 버드나무가 자라지 않는다던 택시기사의 이야기가
먼 곳 이야기처럼 아무렇지도 않은
지금은 물어볼 수 없는
예쁜 꽃들의 저녁
손 흔든다 구멍구멍에게

꽃들이 다시 피어나는 구멍구멍을 지나.

불광동

불광동은

새로 산 신발처럼 불편하고

조금씩 헐거워지고

봄에도 눈이 질퍽거렸다

발이 아플 때마다 마음이 아플 때마다 눈이 내렸다

발이 아픈 곳에서 눈이 다시 시작됐다

미끄러지는 발을 자주 씻었다

생각은 밤거리에 있었고

내 발은 눈 속에서 얼었다

불광동에서 나는 사랑 시를 썼다

최금녀

계간 '문예운동'으로 등단(1998)
시집 〈바람에게 밥 사주고 싶다〉 〈길 위에 묻다〉 등, 시선집 〈한 줄 혹은 두 줄〉 등
공초문학상, 윤동주문학상, 펜문학상, 현대시인상, 미네르바작품상,
여성문학상 등 수상, 현재 서울시인협회 상임고문
choikn1123@hanmail.net

홍제역에서

비가 와도 전화는 걸려 오지 않았다
역 밖에는 비가 화살처럼 내리고
홍제역 1번 출구 할리스 카페는
사람들이 벽돌처럼 꽉 차 있었다
누구는 전화를 걸고
몇은 우산 없이 빗줄기 속을 뛰어들 때
나는 손바닥을 내밀고 빗줄기를 닮은
할머니의 바늘을 생각했다
살다가 보면 언젠가는
내리는 비를 맞으며 뛸 때도 있으리라
예감하고 있었다

이제는 역에 오시지 못하는
할머니를 기다리며
어디선가 비를 뚫고 꽂히는 잔소리와
불이 켜져 있지 않을 집을 생각한다
할머니는 세상을 꿰매는 이 비처럼
내 상처를 깁다가 잠자리에 드셨는데

우리 할머니는
하늘에 올라가셔서도
여전히 나를 눈물로 기워주시는구나.

아아, 여기는 홍제원 아파트

아아, 통신보안.
아아, 여기는 홍제원 아파트 수신 양호!

한파에도 파리바게트 앞에 나와
군밤을 파시는 할머니
33도가 넘어도 나오셔서 파시고 계심

이상 무!

민들레 꽃씨처럼 모여 있는
홍제원 아파트 116동, 117동 할머니
아아, 두 분은 바람에 날려간 것 외

이상 없음!

경로당 죽돌이 김 씨 할머니의 집 나간 진돗개
세상에 하나밖에 없는 개자식 진돌이가
인왕산을 뛰놀다 어제서야 기어들어 왔다고 함.

수신 완료!

아무런 이름도 없이 아파트 관리실로
19만 원 입금한 사람이 있다고 방송하니
찾아온 할머니가 일곱 명
박 터지게 싸우셨으나 주인은 따로 있었다고 함

아아, 통신보안.
아아, 여기는 홍제원 아파트 오늘도 수신 양호!

최진영

속초고등학교 졸업
'월간시' '청년시인상'으로 등단(2018)
시집 〈모든 삶은 PK로 이루어져 있지〉
현재 '시인문학회' 총무
7910042002@naver.com

흥겨운 한마당

달래골의 여름 행사로
구청의 지원을 받아
월계동의 주민을 위한 행사다

가락은 장내에 흐르고
시낭송, 춤, 노래 민요도 어울려
주민의 장기 자랑도 한 몫 거든다

귀빈들의 참석도 아낌없이 와주어
주민과 어울려 담소도 나누며 즐긴다

색소폰, 통기타, 부채춤도 장구에 맞추어
울려 퍼져 삼삼오오 짝을 이룬다

먹거리도, 치즈 떡볶이, 오뎅, 부침개가
날개 돋친 듯이 팔려나간다

박스에도 집에서 안 입고, 안 쓰는
물품이 출품되어 단 돈 천원에 팔린다

오전 11시에서 오후 2시까지 주민의 한마당이
남녀노소 어울려 흥겨운 한마당을 치른다

여고 동창생의 하루

외모가 수려한 여고동창생은
행원 출신이다.

신랑 따라 독일 유학 가서
박사학위 받고 귀국했지만
아들과 자부의 학력 차로 시모의
시집살이 자심하네

딸을 낳자마자 독일로 떠난
자부의 심정은 자식보고 싶어도
남편 수발에 귀국한다는 것은
경제적으로 어려운 일이다

시모 대신 시부의 수발은 오로지
자부의 몫이 되어 몸이 고되네

8살의 지능을 가진 시부의 무기력은
할 수 있는 것이라곤 아무것도 없네

때가 되면 씻기고 먹이고 목욕시켜
현상유지 하는 하루의 시름을 주님이
없다면 할 수 없는 일이라고 하네

아침 후엔 샤워, 점심 후엔 간식
저녁엔 TV와 성경읽기로 보내네

젖먹이 떼놓고 유학 간 모진 세월
자식 키워 준 공으로 오로지
시모의 은혜를 갚아야 한다는
일념一念으로 산다고 하네
씁쓰름한 마음 감출 길 없네.

홍인숙

'문학저널' 등단(2018)
노원문인협회 감사. 한국문인협회 회원 겸 시낭송가
hongcham65@daum.net

02

경기도

구두물 감정동

한반도 5000년
최초의 벼 재배지 김포,
동국 18현에 모셔진
조헌 선생 태가 묻히고
보리피리 불며 파랑새 부르던
한하운 시인 잠들어 있는 곳.

우리 동네는
아홉 우물 있어,
옛 이름 구두물인
감정동坎井洞.
번지는 685
이름은 푸른 마을
만나면 반갑게 인사하고
상추 한 포기도 나눠 먹는
정다운 사람들.

이른 아침
감정초등학교
언덕길 오르면
우거진 수풀 사이
화사한 들꽃들,

중봉 공원
초록 인조 잔디밭엔
게이트볼 치는
경쾌한 소리,

탁 탁 탁.

시청 앞
유림회관
논어 배우는 어른들
비례물시非禮勿視 비례물청非禮勿聽
비례물언非禮勿言 비례물동非禮勿動
목청을 돋우고.

화요일, 목요일
통진 도서관
서예 교실

애린愛隣,
정신일도하사불성精神一到何事不成

탁암琢庵 선생

일필휘지一筆揮之
서書의 예禮를 밝힌다.

지금은
새벽 5시,
우리 동네
구두물
감정동에
…
비가
내리는데,

…
새가
노래한다.

고은별

'시와 동화'로 등단(2008)
파리 소르본느대학교에서 프랑스어 기초음성학 디플롬 취득
시집 〈별의 노래〉〈나비야 나비야〉〈만나고 싶은 사람〉〈사과〉 등
인터뷰 전문기자, 서울시인협회 이사
kstar1105@naver.com

새벽풍경

여름 새벽 4시
밤새 더위에 뒤척인 게 분명한 부부가
부채를 들고 새벽 공기를 들이쉬는 숨
어제를 보내지 못한 이의 흥겨움이 비틀대는 걸음
졸린 눈 부비며 강아지에게 끌려가는 팽팽한 줄
모두를 잠재우겠다는 조용한 골목
모퉁이에 흐릿하게 내려오는 가로등
편의점 앞에서 졸음 쫓는 알바의 기지개
섬광처럼 지나가는 자동차 불빛
새벽 배송에 뛰어다니는 배달원의 발소리
작은 손수레에 쌓이는 노인의 가벼운 삶
바스락바스락 살아가는 소리

바람

은행잎 하나가
사내의 발등에 앉았다
무겁게 뻗은 왼발 끌어 옮기는 걸음 따라
기웃거리는 바람과 함께

바람들어 부풀어가는 사내는
한 걸음 한 걸음 꼭꼭 누르며
몸속의 바람을 빼내려 하지만
기역 자로 꺾여버린 왼팔
꽉 쥔 주먹은 바람을 놓아주지 않는다

부풀어 날아가려는 아들을
바삭한 손등의 도드라진 힘줄로
부여잡고 있는 아버지의 떨림 앞에서
바람은 오늘도
하늘로 날기 위한 기회를 보고 있다

은행잎이 슬그머니 발등에서 내려왔다

구미정

'월간시' 제31회 추천시인상 등단(2021)
시집 〈환승〉
경기노동문화예술제 은상. 부천시 시가 활짝 우수상
pabollagmj@naver.com

살구를 품다

살구꽃 하얗게 날리고
씨방은 부풀어 알알이 여물다 흩어져도
이 고운 빛 누구 하나 탐하는 이 없는 건가

내 어릴 적
큰 샌드백을 어깨에 메고
대문을 들어서던 오라버니는
때깔 좋은 살구를 마루 끝에 수북이 쏟아 놓았지
눈 휘둥그레진 식구들 우르르 모여들어
실컷 먹었던 기억 아직 생생한데

길 잃은 친구들
오늘 아침에야 임자를 만났지
그것도 산책 나간 내 남자 모자 속에 안겨들어
낡은 싸리바구니에 둥지를 틀었지

곧 부화할 것 같은 살구 알
그 온유한 빛에 하루를 기대어
바라만 보던 그 속에서
낮잠 자던 막내동생 부스스 깨어나고
담장을 뛰어넘던 작은언니 웃음소리
따라 웃던 살구꽃 미소 어머니, 어머니

선물

약수터가 있는 국사봉國思峰* 아래 꽃우물마을*은 늘 사람들로 붐비고 있다. 유월 중순 밤꽃 향 잠들고 나면 산모롱이에서 벌어지는 산딸기 잔치. 다가가도 어떤 이는 못 본 척 고부라져 있었지만 까치는 저만치서 우리를 반겼지.

동네 사람들 산이 보배라며 입버릇처럼 산을 찾고 있지. 몇 년 전 문산 익산 간 고속도로가 뚫리면서 생긴 황토 언덕배기에 산딸기 번성하여 새하얀 꽃 피우더니 빨갛게 물들 산.

운동 나온 사람들 산딸기에 한눈이 팔려 발걸음 멈추고 말지. 어쩌다가 산길에 만나 따 먹던 산딸기를 비닐봉지 들이대며 따 담을 줄은 정말 몰랐지. 자연이 준 선물이라며 잠시 하느님 생각에도 빠졌지.

애지중지 집에 가져온 산딸기를 설탕에 흐뭇한 마음까지 버무려서 유리병 가득 채워놓고 먹던 점심, 상치쌈 된장찌개가 달디 달았지. 서로 바라본 이마에서는 즐겁던 시간이 줄넘기를 하고 두 눈에 든 산딸기가 루비처럼 빛났지.

*국사봉 : 고양시 덕양구에 위치한 성라산의 봉우리
*꽃우물마을 : 꽃이 많아 우물 속에도 꽃이 피었다는 화정의 옛 이름

김두녀

전주교육대학 졸업
해평시 〈바다가 불렀다〉 외 9편 상재로 작품 활동 시작(1994)
시집 〈여자가 씨를 뿌린다〉 〈삐비꽃이 비상한다〉 〈꽃에게 묻다〉 등
서울시인상, 경기도문학상 본상, 김기림문학상 본상 수상
상황문학 고문, doonye@daum.net

고강선사유적지공원*

우리 동네에는 고대 선사유적지가 있다
봉배산* 마루에는 세대를 잇댄 숨결,
흰 고요가 으밀아밀 고여 있고
저만치 산사나무에 비밀한 것들이
해마다 올망졸망 붉은 열매를 맺는다

담배 이파리가 무성했던 여름,
골 깊은 아버지 이마에서는 가랑비가 내렸다
밀짚모자 위로 빨간 잠자리 뱅뱅 날고
아버지 눈은 선사시대 사람처럼 오목했다
휘모리장단 맞추듯 기침하시던 날에도
곰방대에 열심히 담뱃불 붙이시던 아버지

네 아비, 네 할배의 할배들의 숨결이
적석환구유구*로 남아 있는 곳
야트막한 봉배산 마루로 오너라
너의 어리석은 하루를 걸망에 지고
영산홍 자산홍 철쭉꽃 피고 지는
동산 너머로 오너라

한여름 소나비 어설피 쏟아지듯
어디선가 성주풀이 육자배기 메기는 소리
지나가는 눈먼 바람도 멈추어 서는 날
이런 날에는 오래된 흰 고요가 깨여
구성진 육자배기가 덩달아 비에 젖고
나도 천하대장군 지하여장군 장승들* 틈에 끼어
얼씨구절씨구 지화자 좋다

*고강선사유적공원 : 부천시 오정구 고강동에 위치한 선사시대 유적지
*봉배산 : 경기 부천시 작동과 고강동에 걸쳐 있는 산
*적석환구유구 : 선사시대 제사의 유적으로 가운데 돌을 쌓아 놓은 제단(동서남북 각 6m)
*장승들 : 유적지 인근 산등성이에 거대한 장승 15구가 세워져 있다

막 퍼 주는 아줌마

아내는 운동 삼아 시장에 간다
우리 동네 인심 좋은 가게
'막 퍼 주는 아줌마'
고추며, 감자며, 당근이며, 가지 등
바구니에 담긴 것을 사러 간다
가게 이름처럼 "막 퍼 주느냐" 물으면
입심이 좋아 말로만 막 퍼 준단다
딱히 막 퍼주는 것 하나 없어도
밉지 않은 그녀가 "언니, 언니" 할 때는
먼 데 있는 자매보다 얼마나 살가운지
막 퍼 줄 것이 없어도
퍼 줄만한 것이 하나 없어도
거저 다 주고 싶은 모정을
덤으로 받아 온단다

김병준

'월간시' 제12회 '추천시인상'으로 등단(2017)
'월간시' 시문학회장 역임
제1회 자유민주시인상 수상(2020)
0007bj@naver.com

능안공원

신록 가득 나지막한 능안공원

이름 모를 풀벌레 곤줄박이 휘파람새
고요히 잠든 새벽녘

새벽 미명 사이로
고요한 허공을 가르는 구호 소리
건강을 기원하며 젊은 시절을 그리며 체조를 한다

활기찬 미래를 위해
힘껏 발걸음 내딛는 젊은 청년
젖은 머리 휘날리며 출근하는 젊은 아가씨

삼삼오오 맡겨진 삶 속
정겨운 이야기 나누는 아주머니 웃음소리 정겹다

능안공원을 지나는
여드름 가득한 교복 입은 학생
소리 지르며 뛰노는 귀여운 아이들
할아버지 할머니들의 건강지킴이
작은 숲속 능안공원

어느 저녁 밤 가로등 아래
삶의 무게가 짓누르는 듯
안쓰러운 중년의 처진 어깨를

감싸 안는 불빛이 그의 발걸음을 비춘다
어머니 품속 같은 능안공원
온갖 생명 소리 가득 울려 퍼지고
공원의 하루는 이렇게 시작되어
고요히 잠들기를 반복한다

나지막한 능안공원 모든 생명들의 행복한 안식처

우리 동네 야시장

어린 아들의 반가운 외침
아빠 엄마 여기 보세요
우리 아파트 야시장 열었어요

어린 아들 격양된 목소리
황급히 아빠 엄마를 부른다
3년 만에 다시 열린 아파트 야시장

화려한 조명과 음악
시선을 빼앗는
맛있는 음식 장난감 놀이 기구

황급히 아빠 엄마를 부르는 아이의
해맑은 외침이 싫지 않다

아내도 내심 숨기고 있던 야시장 설렘
오늘을 기다렸나 보다

우리 가족 모두 화려한 조명 음악이 흐르는
먹거리 가득한 동네 야시장에 물들

어 보자
소소한 사치 한번 누려보자
오늘은 아빠가 십만 원 쏜다

사람 냄새 웃음 가득한 우리 동네 야시장
우리 가족에게 추억을 만들어 준 동네 야시장

누구에게나 시간이 흐르면
그 시절 마음속 간직한 소중한 추억

세월이 흘러도 사람 냄새나는 정겨운
동네 야시장 오랫동안 유지되길 소망한다

김성준

강원도 양구 출생
'월간시인' 신인상으로 등단(2023)
월산문학회 회원
현재 우주상사 대표
october23@hanmail.net

까페 양동이

유치원 꼬마친구 아침마다 배웅하는
커피 볶는 남자

강아지 해피가 마실 오면
손님이 없는 한가로운 독서 시간

동네 사랑방 까페로 지정된 양동이

고소미, 새코미, 우아미 가지각색 핸드드립
색깔별 기호별로 내릴 수 있는 양동이

시 낭독 첨가된 신선한 커피의 맛
케니지 선율에 맞추어 춤추는 까페 양동이

에디오피아, 케냐, 브라질 나라별 원두의 생김과 맛
그리스 요리, 스페인 요리 다양한 특색 요리들
종류별 와인에 빠진 손님들 부라보를 외친다

친구들 대화가 그리우면 양동이에서 모인다

마음결이 고운 아이

옹이진 마음을 가진 아이

마음결이 고운 아이가
말을 건네며 "친구야 같이 놀자"고 손을 잡는다

따뜻한 눈빛으로
맑게 웃는 아이는
해맑은 구원 천사다

김애란

'월간시' 제17회 '추천시인강'으로 등단(2018)
시집 〈하늘빛 닮은 원석으로〉
황진이문학상 최우수상 수상
iaeran19@naver.com

참기름 한 병

영등포구 신길동
계단 위 작은집

저녁밥을 지으시던
어머니가 참기름 사 오라신다

내리막길 냅다 뛰어간
깨 볶는 냄새가 진동하는 기름집

작은 신문지에 싸인
참기름병을 받아들고
오던 길을 뛰다
말아놓은 신문지 틈으로
미끄러져 깨져 버렸다

쏟아진 기름이 아까운 것보다
실망하실 어머니 얼굴이 떠올라
눈물이 맺혔다

터덜터덜 빈 손에 사색이 된 나를

괜찮다 하셨다
그럴 수 있다 하셨다

어머니 나이가 되어 보니
괜찮다
그럴 수 있다가
왜 이리도 힘든지 모르겠다

봉지 쌀

복잡한 서울 한복판
서울살이

아침밥 하려고
쌀 푸는 항아리에서는
득득득…
항아리 긁는 소리가 납니다

고사리 같은 내 손을 잡고
양곡상에서 어머니는
여섯 식구 먹을 양식으로
누런 봉지에 쌀 한 됫박을 사십니다

한 톨이라도 샐까 움켜쥐고
품에 안은 건 쌀이 아니라
생명줄입니다

김의진

서울 영등포구 신길동 출생
2017년 '월간시' 제11회 '추천시인상'으로 등단(2017)
(주)라이펀 대표
joicejames@hanmail.net

과천굴다리 장터
-30년 전 그곳 지금도 있는지

장 보러 가는 게 즐거웠다
누가 기다리고나 있는 듯

눈에 선한 흙내 식구들
감자, 열무, 얼가리. 가지, 호박 등이었으리

햇볕에 검게 익은 얼굴들
온통 흙내음 옷들끼리 금쪽 돈 만지고 싶은
아즈매들과 할매

눈빛으로 간절히 날 부르던 그 할머니
"할매요 콩나물 5천 원 치~"(그땐 오백 원이면 족한, 어제 산 것도 있었지만)
할매는 금새 하얀 박꽃 미소
"됐어요 너무 많아요"
고마운 주머니가 사탕 한 알 건넸다

옆의 아즈매는 "내 것도~" 살짝 웃음 보냈지
"김칫거리 이것저것 잘 주셔요"
"이 손님은 값을 깎는 적 없으니
옛다 토마토 2개 덤이요"
하하하~호호호

작은 장터 풍성한 인정에 해는 저물고.

이웃집 쥬리

현관문 열자 낯선 금발의 두 아이
폴짝폴짝 뛰어 들어간다
바로 내 옆집 아닌가

이윽고 나온 젊은 엄마
수더분한 미소로 "나이쓰 투 미트 유"
"네 반가워요"

언제 이 아파트로 이사왔는지,
참 무심하고 한심스러운 건
세상이 아니고 나였구나

다음 날 저녁 큰 접시에 잡채를 들고
문을 노크하니
팬지꽃 같이 예쁜 쥬리와 수잔
"아이구 예뻐라 귀엽구나"(오랜만에 써본 영어)

수줍어하는 순정한 미소가 더욱
사랑감을,

다음날 쥬리 엄마가 내 손자를 위해
쿠키를 만들었다며 수북
꽃바구니에 담아 왔다

정이란 이렇게 싹트는구나
삶의 사소한 맛이!

김정원

'월간문학' 신인상 당선(1985)
시집 〈허(虛)의 자리〉〈삶의 지느러미〉〈하늘을 왜 자주 보는가〉 등
한영시선집 〈분신〉 등
성균관대학교, 명지대학교 등 출강
율목문학상, 만족문학상, 소월문학상, 세계시문학 대상 수상
wooajnee@hanmail.net

숲의 영혼 바람의 마음

하늘의 키를 잴 수 없었는데
그 공허한 공간에
하나의 둥근 물체가 나타나
비로소
하늘의 신장을 알게 되었다

바람이
하늘을 수평으로 달리자
구름이
곧바로 저 높이 쫓아가
아주 멀리
아주 높이
보이지 않을 때
바람과 구름은
함께 은밀한 춤을 춘다

그 사이로
작은 천둥 소리는
자지러지게
자주 울려

천 명의 천사들이
북을 일제히 두들기는
천상의 북소리보다
만 마리 군조들의
수다같이 상쾌하기만 하다

해살이

얼마나 많이 떨어져서야

나무들

그 잎새 사이로

일제히 일어나 서니

짙은 어둠의 숲은

광림으로 눈부시게 빛난다

저 바람

이 바람되어

그 밝은 나무들

사이 사이로 불어

사람의 이마 위에서

연인의 가슴 속으로 내려와

풍색으로 소용돌이치자

숲의 영혼은

바람의 마음 위로

쓰러져 누어 버린다

김지소

본명 김경수
계간 '문예운동'으로 등단(2017)
갤러리 지셀 12 대표. 아틀리에 보중 대표
진 피부외과 대표 원장
dgcell9220@daum.net

미용실 원장님, 감사합니다

뛰어요
무사히 성공해야 합니다
어릴 적 육상 선수 출신이라
달리기 하나는 자신 있다

아뿔싸
횡단보도 빨간 신호등에 걸려
바로 눈앞에서 놓치고 말았다
괜한 버스 뒤꽁무니에 눈 흘긴다

수고했어요
지나간 건 잊어요. 기회는 또 옵니다
혼자는 힘들다고 같이 뛰어주신
미용실 전세 원장님, 감사합니다

남자가
무슨 퍼머를 만다고 반대하시던
부모님께서도 평생 직업 가졌다며
자랑스러워하신단다

손목에
커다란 반창고가 여러 개 붙어 있다
데이고 찔린 건 그나마 다행이란다
꺾인 채 버티고 있자니 고통스럽지

기러기 아빠
아내와 아이들이 외국에 있어
뒷바라지하느라 쉴 틈이 없다고
스쾃하고 먹는 계란에 힘이 난단다

미용실
머리하러 왔다가 마음까지 펴고 가는
서판교 운중동 멋쟁이들이 모이는 사랑방
헝클어진 매무새가 화려하게 변신한다

은월마을

오월의 어느 하루
두 번 다시 오지 않을
오늘 이 시간 속의
아름다운 사람들이
예쁜 색들의 다양한 꽃들이
지저귀는 새들의 웃음소리가
짝을 찾는 개구리 울음소리가
인사하며 말을 걸어옵니다

한 편의 시와 수필과
소설로 인연을 맺게 된
멋진 사람들의 아름다운 공간
함께하는 소중한 이야기는
불어오는 바람결에
특별한 언어로 피어나
노래가 되고 시가 되어
추억이 되고 사랑이 되었습니다

김지수

'월간시' 제34회 '추천시인상'으로 등단(2023)
동인지 〈당신이 꽃입니다〉
저서 〈대한민국에서 연예인 되는 법〉
nkimjisu1@naver.com

문화 예술 플랫폼

안산 옛 수인선
58년간 운행했던 협궤 꼬마기차
안산역에서 수원까지 달리던 그때
나는 한번 타던 기억이 생생하다
덜거덩 덜거덩 흔들흔들
소래포에서 잡아 온 미꾸라지 한 마리
기차 내부로 우당탕 밖으로 나와
사람들은 깜짝 놀라 소리쳤다

이젠 보존되어있는 수인선 철로 옆
폐열차 디젤동차형 무궁화호 개조

카페 공방의 열차 1206호
무궁화 객차에 들어가
달달한 라떼 한 잔 마시며
추억과 낭만을 체험하다
카페 내부가 흰색 커튼
선선한 바람 내 머리카락 휘날리다

선로 따라 걷다 보면
문구 시가 적혀있듯
여름 코스모스 활짝 핀 자태
흔들흔들 시 그림을 그리고 있다

우리 동네 야시장

일 마치고 지하 주차장 주차
관리소 사무실 도로 길 방향
각설이 타령 노래가 들린다

왠 각설이 타령인가
해질 무렵 시간인데
조명 불빛 깜박깜박 눈부시다

눈에 들어오는 바베큐 구이
빙빙 돌며 기름기 좔좔 흐르니
먹음직스럽게 익어가고 있다

맨 앞쪽 바이킹 불빛
앞뒤로 올라갈 때 손 흔들며
함성 지르는 어린 꼬마 모습 예쁘다

남녀 학생들 쾅쾅 사격 소리
하나의 인형을 명중하려고
두 손으로 정조준 하고 있다

귀여운 어린 꼬마
팡팡 팡 힘껏 누르니
공중 낙하하듯 그릇으로 들어간다

남자 어린 아이가
엄마 아빠 앞에서 그물망 휘이익
작은 금붕어 잡으며 기뻐하고 있다

나는 스마트 폰 손에 잡고
인상 깊은 야시장 밤 풍경
찰칵찰칵 셔터 누르기 바쁘다

김태선

'월간시' 제14회 '추천시인상'으로 등단(2017)
계간 '스토리문학' 시조 등단(2018)
시집 〈공작기계는 삶과 꿈이다〉
시조집 〈어머니의 빈 의자〉
taesun891@naver.com

탄도에서 누에섬까지

바람 줄 서서 기다리는 곳
바다가 가슴을 쫙 쪼개어
밑바닥까지 보여줄 때면
눈 반짝이는 말 하나
오래전 건너갈 사랑이었는데

설령 건너갔더라도
먼 길 혼자서 걸어갈 때
몹시 무거웠을 지상의 말은
닳아, 이제 가벼운 노래
나 혼자 부르며 간다

저 작은 누에섬이
지금도 먹지 않고 잠도 없이
파도소리로 비단緋緞집을 짓는지
그때 생각하면서
나, 가끔 푸르게 살아 있다

뜻밖의 야매 野梅

담 너머로 연분홍 숨결 날리는 집
손가락마다 틀어진 일손이
얼굴보다 더 큰,
동네서 제일로 꼽는 억척네*라
빈터는 늘 푸성귀로 부풀었어도
배추 한 통 그저 받는 이웃은 없다

짬짬이 폐휴지를 쌓고 있는
그 머리 위에 앉는 봄 한 철
꼬챙이 꽂아 얻은 열일곱 살배기
딸 삼은 꽃순이다
마당 깊은 집 거느는
그런 품 높은 얼굴빛 아닌데

짬짬이 옷섶에 떨군 땀방울의
오목오목한 몸내 자욱하다
펼쳐 놓은 꽃그늘에 들자니
눈 깜짝할 사이 사라진

열일곱 벌 나의 봄도
하늘하늘 허공에 뜬다

*억척스런 아낙

김현숙

'월간문학'으로 등단(1982)
시집 〈물이 켜는 시간의 빛〉 〈소리 날아오르다〉 〈아들의 바다〉 외 다수
윤동주문학상, 한국문학예술상, 후백문학상, 이화문학상 수상
현재 서울시인협회 부회장
forward0730@naver.com

구리시장에서

구리시장 좁은 골목 건물 옆 노상엔
배추 시금치 고추 갖가지 야채를
부지런히 담는 할머니가 있다
지방 사투리 구수한 할머니는 콩나물
천 원어치도 이천 원어치만큼 주신다
뒤편에 할아버지는 늘
조용히 앉아서 할머니를 지키고 계셨다

오늘은 뭘 해먹나 시장을 나가본다

두꺼운 파란 비닐 덮개가 씌워진
노상 가게는 바람으로 가끔씩 들썩거리고
할머니와 할아버지는 보이지 않았다
밤새 마른 야채 시래기가
꿈에 살아서 날아 다녔다
며칠 양평에서 자란
야채 쌈을 뜯어다
볼테기가 찢어지게 먹고
또 저녁나절 서늘함에 발걸음이
시장 쪽으로 향했다

계신다
평상시와 같이 부지런한
손놀림으로 검정비닐에
야채 담는 굽은 할머니 등이 보였다
반가웠다 눈이 마주치자
문 여셨네요 어디 갔다 오셨어요 좋은데 갔었나보네
나아가 말이여 곱게하고 시집갔다 왔당께
뒷편 자리에 할아버지가 오늘은 안 계셨다
근데 오늘 할아버지 안계시네요
으응 갔어… 먼저 가 있으면 따라간다고 편히 가라했시어
깻잎 천원어치를 싸주면서 또 이천 원 어치를 주는 손이 떨렸다

왕숙천

벌말 돌섬 아낙네 빨래터
맑은 물 흐르던 한강 줄기
고기 잡는 나그네들
망태기 매고 들고나던 곳

한강 줄기 아름다운 샛강 왕숙천
물고기 철새는 떠나지 않았는데
그때의 그 사람은 장문을 남겼네

해묵은 갈대밭 하천에
하룻밤 몸 누이고 간 자리 뒤로
모든 시름 잊고 간 왕의 체취
왕숙천의 노래
다시 올 성은 기다리며
아직도 긴 숙면을 취하네

김혜숙

시집 〈어쩌자고 꽃〉 〈끝내 붉음에 젖다〉 〈아득하고 멀도록〉
시인마을 문학상, 국제대학 시인 대상
한국현대시인협회 사무차장 역임
현재 서울시인협회 사무2처장
coca5610@naver.com

마북동 능소화

장욱진 화가의 집 담을 타고 능소화 고개 내민다
습한 담벼락으로 비가 내린다

가끔 화폭에서 뛰어나와
마당에 앉아 놀던 아이들 웃음소리와
까치 소리는 어느새 사라지고

마지막 살던 곳
양옥집 전시실에 진열된
손자국 남아 있는 그의 붓끝은 굳어 있다

한 번도 울어본 적 없는 것 같은
환한 저 능소화
주인 없는 빈자리에 붉은 물감 찍어
그림을 그린다

걸음이 빨라진 빗소리가 큰소리로 호명할 때
툭,
내 앞에 떨어지는
붉은 붓 한 자루

용담저수지

저수지 둑에 앉아
멀리서 저녁이 돌아오는 소리를 듣는다

해가 저물자
노을을 받아내던 새 한 마리
날개에 어둠을 묻힌 채
물의 가장자리로 사라진다

아직도 저수지 둑길에
엉겅퀴가 피어있고 찔레와 자운영이
저녁 한 귀퉁이를 붙잡고 있다

나도 그곳에 앉아
파도치던 마음이 잔잔해지기를
무겁기만 하던 한낮이
가슴에서 빠져나가기를 기다린다

아무 일도 손에 잡히지 않는 날
이곳에 와서 오래오래
어둑해진 풍경을 바라본다

박나나

계간 '문예운동'으로 등단(2015)
청하문학회 회원
nana8397@daum.net

양지마을 장수나방들

고치 하나에 번데기 한 마리씩 기거합니다
어쩌다 운 좋은 고치 속에는 주름에 주름을 의지한
두 장수나방이 함께 살기도 합니다

새벽안개 걷히고 푸른 감잎에 햇살이 내려앉기 시작하면
은빛 머리 흔들며 나방들이 고치 속에서 빠져나옵니다
아들딸 손주들은 다 도시로 떠나고 한 집 건너 빈집, 빈집 건너
고모 숙모 이모 온 동네 장수 나방들 날개 펄럭이며
햇살 바른 우리 집으로 모여듭니다

우리 집과 외숙모집 사이에는 우물이 있습니다
뽕나무 한 그루가 우물에 뿌리를 담그고 있고 여름이면
무지개의 빨주노초파남보 뿌리가 박히기도 합니다

외숙모가 등 굽은 몸 수레를 끌고 와
우물 속으로 낡은 두레박을 던집니다
두레박이 체머리를 흔들며 올라옵니다
두레박에 담긴 물의 반이 은빛 붕어처럼
우물 속으로 다시 뛰어내립니다

우물 덕에 우리 모두 장수한다, 한마디씩 하며
양지마을 나방들 햇기 다 가시기 전에 거적눈
비비며 자기 고치 속으로 꾸물꾸물 파고듭니다

그 여름날의 비나리

장독대엔 홑꽃 해당화와 노랑나물꽃이 한창이고
사랑방에선 셋째 언니가 해산을 했다

남의 조상이라고 아버진 금줄을 방문 앞에만 쳤다
제일 빨갛고 가장 실한 고추, 기장돌미역, 새까맣게
번쩍거리는 은빛 숯덩이를 덩실덩실 매달았다

삽짝에 금줄이 없는 걸 확인한 귀산댁이 아침 숟가락 떼자마자
불린 쌀을 들고 풀물을 갈러왔다 장독대에 세워진 풀맷돌에서
풀쌀을 갈 동안 귀산댁은 아닥따닥 아닥따닥 아무도 듣지 않는
수다를 혼자 떨었고 나는 풀국물 짜낸 쌀 찌꺼기를 좀이 나게
기다렸다가 호박잎에 싸고 지푸라기로 묶어 아궁이에 묻었다

어리야, 이게 웬일
풀떡이 익을 무렵 갓난아기의 볼기짝에 꽈리 물집이 부풀었다*
엄마는 조왕님께 물 한 그릇 떠 올리고 두 손을 싹싹 비볐다

철없는 것이 철없는 짓을 했으니 지발지발
몰라라 하지마시고 이 정성 거둬 주시이소
주시이소
주시이소

박분필

*애기가 태어나고 칠 안에 굽거나 튀기면
아기 볼기짝에 물집이 부풀어 오른다는
구전이 있는데 정말 그랬다

성균관대학교 유학대학원 졸업
'시와 시학'으로 작품활동 시작(1996)
시집 〈바다의 골목〉 등
문학청춘 작품상, KB창작동화 공모전 대상 등 수상
pbpil@hanmail.net

받침의 힘

동네 꽃집이 생겼다
꽃처럼 열리는 문으로
드나드는 이 없어
문 닫으면 안 되는데 안 되는데
프리지어도 한 묶음 식탁에 얹어놓고
시 낭송 행사 땐 총무한테
슬쩍 꽃집 얘기를 꺼내기도 했다

아침에 그 집 앞을 지나는데
아가씨 거울 보며 달개비꽃 색 손톱으로
코끼리 코 같은 머리를 묶고 있다
어깨를 넘어오는 찰랑 물결
문 앞에 내어둔 꽃나무 화분
가느다란 버팀철사가 물결을 꼭 끌어안는다
그 철사 아마도 꽃을 업고 있었지

넌지시 기대며 사는 거지
때론 못 박혀 장밋빛 피 흘리고
향을 내며 업고, 업어주기도 하지
이를테면 전쟁에서 돌아온 외다리 아들에게
고등어를 손에 들리고
한 팔 없는 아비가 외나무다리를 건너는
아들이 아비의 목을 꼭 끌어안는

그녀, 아직도

세상에나,
한글을 모르고 평생을 살아왔다니

조그만 동네, 조그만 건물 2층으로 드나든 지 18년
조그만 방으로 들어서면
조그만 노트에 가갸 거겨 거친 손이 떨고 있다
조그만 키 정례 씨는 조금만 들여다봐도 어지럽고
조금 더 키 큰 순자 정자 씨도 그 자가 그 자 같은
한글 징검다리 삐뚤빼뚤 업고 건넌다

세종대왕님은 그짓말도 잘 하신데이
백생이 쉬이 쓰라 맹글었다고 하시던데
우짜 이리 어린 글씨를 우리보고 쓰란 다요
미쳐뿌겠시오. 선상님

교실 문 나서면 다 이저뿐데 워쩐다요

조금만 기다리면 좋아질 거라
세 번 네 번 귀에 대고 속삭이며
세월도 목이 쉬어 비싼 마이크를 샀다

왜 아직도 그녀들을 만나러 가는지 아무도 모를 거라
맛깔나는 된장 김치 받아봤소
함께 헐거워지며 웃고 울어 봤소
한 생에 제일 먼저 써 보는 편지 받아봤소

박이현

'문예사조'로 등단(1992년)
시집 〈누가 오시는가〉 〈같은 세상을 살아도〉 〈시반에게〉
〈비밀 하나가 생겨났는데〉 산문집 〈설해목〉
swan0108@hanmail.net

소래포구

바케스를 들고
새우를 사러 소래포구에 갔다

비릿한 바다 내음
입구에 늘어선 건어물 가게와 횟집들
조개가 입을 벌리고 낙지가 수족관 유리에 딱 붙어 있다

시꺼먼 물과 함께 배가 들어오고
바구니에 새우와 꽃게가 가득 담겨져 들어 오고
사람들이 몰린다
어느 걸 살까 가늠하며

포구에 놓인 그물에 앉아
친구와 회를 먹었다
상치도 없이 먹었다
포구의 그물에 앉아 먹어 보지 않은 사람은
그 맛을 모른다 소주 한잔에 먹는 맛을

이곳 사람들의 일상이
이 포구에 있듯이 우리는 시장 구경을 잘한다

많은 사람에 묻혀
시꺼먼 바다를 바라보며
삶의 무게를 느끼며
그렇게 소래포구에서
오늘 하루쯤 아무런 생각 없이
시름을 잊고 싶었는지 모른다

나물할매의 가는 세월

시장 한켠 노천에 60년 세월 좌판을 펼쳐 놓은 할매
일생을 그렇게 살아온 나날들
싸온 주먹밥을 먹으며
"많이 먹고 건강해라 집안도 편코"
한 마디 고수레를 던지고

함안댁의 친구였던 서실댁이
세상 끝을 맺은 뒤
이웃에 살던 진주댁은 요양병원에 입원해서
면회를 하고 혼자 남은 할매

손수레에 가득 실린
산과 들에서 뜯어온 봄나물들을
좌판을 펼쳐 놓은 할매에게
커피 한잔 권하는 단골식당 아저씨

짙어진 봄날 꽃냄새가 향기로운
굳은 땅에서 돋아나는 나물처럼
고단한 삶이라도 자식들을 위한
그게 할매의 생활이고 인생이었다

박일소

시조시인 박병순에게서 사사, '한국문인'으로 등단
시집 〈꽃 아래 마음의 거울 놓고〉〈꽃을 먹는 남자〉〈그리움의 뜰〉 등
문학공간작품상. 한국문학비평가협회문학상. 박남수문학상 등 수상
barkilso@hanmail.net

할매 순댓국집의 노파

마치 땅거죽이 웃는 것 같은
할매 순댓국집의 노파가
손님을 맞이할 때마다 웃을 때면
순댓국과 함께 살아온 세월이
보기에는 고달픈 세월같이 보였을지 몰라도
돌이켜 보니 그래도 행복한 세월이었다고 말하고 있는 것 같아

할매 순댓국집에서 해장으로
순댓국을 먹을 때면
노파의 고달픈 세월이
해장된 행복한 세월로
몸속에서 웃고 있는 듯하여

아침 일찍
할매 순댓국집에서 순댓국을 먹고 나올 때면
웃고 있는 땅거죽을 딛는 듯이
발걸음이 경쾌해지는 하루

'메가' 커피숍에서

매달 1일과 15일
추첨을 통하여 도마를 주고 있는
SK · 푸르지오 아파트 상가에 있는
수원 매교역점 메가 커피숍에 가면
장인匠人이 만든 도마를 받기 위해
너도나도 응모하기 바쁜데

장인의 도마를 사용하여 음식을 만든다면
살아가는 밋밋한 시간들도
특별나게 맛있는 시간으로 만들지도 몰라
장인이 만든 도마를 받으려고
거의 매일 응모하러 메가 커피숍에 가게 되는데

메가 커피숍에 앉아
그 도마 위에서 만들어질
맛있는 음식을 상상하다 보면
쓰디쓴 아메리카노 커피조차
마치 유명한 셰프가 만든 별미처럼
착각하게 되는 메가 커피숍

박효석

'시문학'으로 등단(1978)
제30시집 〈때로는 세상이 너무도 달다〉
시선집 〈사랑하고 싶을 때 사랑하라〉
'시예술상' 본상 수상. 월간 '시사문단' 회장
greatpoem@daum.net

평촌민백공원 1
−주목나무

나른한 오후가
공원 정자의 눈꺼풀을 들어 올리는데
할머니 둘이 앉아 이야기 구슬을 꿰고 있다

검버섯에 가는 귀먹은 노인이 볼멘소리 한다
딸이 엄마 나이를 생각하라며 김치냉장고를 못 바꾸게 한다는데
낮은 소리를 곁드는 몸이 마른 노인

"형님! 누가 뭐라고 해도 나는 오래오래 살고 싶어"

귀먹은 노인이 그 말은 단번에 알아듣고

"맞아, 내가 하고 싶은 말이네. "

천년을 산다는 주목나무도
고개를 끄덕인다

평촌민백공원 2
−가방

10살쯤 보이는 소년이 가방을 찾는다
의자에 두었는데 놀다 오니 없어졌다는 파란 책가방

맑은 샘 같은 눈망울에
이제 막 눈뜬 슬픔이 그렁그렁 고이고 있어
내 속이 뜨거워진다

가방은 대체 어디로 갔을까

어둑해질 무렵 공원을 지나는데

앗
아이가 찾던 파란 가방이
정자 마루에 혼자 덩그러니 앉아 있다

"어디 있다 나왔니?"

나는 주인 잃은 가방에게
집이 어디인지 계속 물어보았다

'시문학'으로 등단(2012)
시집 〈달빛을 기억하다〉
제 16회 '푸른시학상' 수상
s13111@hanmail.net

선지해장국의 성지

속 쓰린 날이면 찾는 궁내동 선지해장국 성지,
한 입 먹어 보면 먹방 난(亂)이 일어나는 것 같아.
얼큰한 국물 속에 향긋한 향이 물씬 나니,
식욕이 살아나고 맘까지 따뜻해진다.

한 그릇 속에 담긴 영양과 건강의 힘,
진한 선지, 담백한 고기, 윤기 나는 밥알.
맛깔 나는 선지해장국은 즐거움과 행복을 안겨줘,
일상 속 소확행의 기쁨을 듬뿍 선사해준다.

그 맛은 오직 이곳에서만.
시원한 국물에 부드러운 고기가 어우러짐에,
언제나 사랑받는 그 맛을 위해 노력하는,
주인장의 정성과 애정이 느껴진다.

그리움에 찾아가는 단골 선지해장국 집,
그곳에 느끼는 특별한 맛과 이야기들,
함께 먹는 사람들과의 추억이 얽히며,
한 소리 한 소리가 환하게 퍼져 간다.

선지해장국이라면 궁내동 성지를 찾아가야지,
인생 선지해장국을 찾아가는 설레는 발걸음은
매 순간 행복과 감동으로 가득 차게 해준다
마치 산티아고 순례의 성스러운 긴 여정처럼

판교역 1번 출구 로또 맛집

토요일 오후 문전성시 맛집
동네 사람들 로또 맛집으로 달려가네.
일확천금을 꿈꾸니 10억, 20억이 눈 앞에 펼쳐진다.

번호를 골라 선택해야지.
여기 숨겨진 행운이 기다리고 있을지도.
생일 날짜, 결혼 날짜, 꿈에서 본 숫자
1,2,3,4,5,6 번을 골라 볼까?
혹시 이 번호가 운명의 숫자일지도.

복권 판매원의 웃는 얼굴이 보여
당첨이 될 것 같은 예감이 솟아오르네.
두근두근 설레는 마음으로 기다려보자.
행운의 여신이 나에게 오겠지?

이미 1등이 두 번이나 나온 맛 집이니
내가 세 번째가 될 수 있겠지?
모두들 로또 맛집으로 달려가 행운을 차지하자.

양재영

'월간시' 제21회 '추천시인상'으로 등단(2019)
시집 〈꼭짓점에서 바라보다〉
주한외국인인사관리협회, 주한글로벌HR대표자 협의회 회장
전 삼성전자로지텍 임원, 현 해우지엘에스 부사장
yangfour@naver.com

빈우궁 牝牛宮

이 지구별에 산 지 어언 60년
천문님은 천상열차분야지도에 있는
내 별이 살던 동네 말한 적 있다
빈우궁
4개의 별이 마름모꼴로 그려져 있다
근처에 삼태극 그리고 여러 별들 있다
나도 이제 환갑이 되어간다
여태 어디를 우리 동네라 하고 사는가
지난 10여 년을 북한산 아래 구기동을
우리 동네라 부르며 살았고
이제 일산 백마가 다시 우리 동네 되었다
북한산과 서울이 멀어졌고 가게들이 가까워지고
또다시 아파트가 집이 되었다
금요일마다 요일장이 서니 신기하고
뚜벅뚜벅 시장 구경도 재미 중의 하나
동사무소 프로그램 중에 요가를 즐겨 하고
파크골프라는 데에도 맛 들였다
동네 하나에 완전히 바뀐 듯한 내 삶
저 위 별자리 빈우궁은 꿈속에서나 만나지
궁에서 나와서 지구별 동네에 사는
지금의 나도 재미나다

돌담집

고향도 다른 돌들이 한 집에 옹기종기
각기 다른 강가에서 실려와
하나로 엉겨 붙어 어깨동무하고
늘어서 있다
기웃거리는 세상 따윈 그들 담으로 가로막고
돌들은 살던 강가 생각할까

기억에도 없는 빈우궁 번뜩이며
잠시 내게 온 선물 같은 집
천문님이 "금란궁"이라 명명하여
태극선에다 이름표 걸어 두었다
담장 안에 나를 가두는 시간
참 나와 만나는 시간이다

돌담 위에서
참새가 사랑을 하고
고양이가 느릿하게 걸어 다니고
해님 달님이 오고가고
가끔 나도 그 아래 앉아 노래한다
다른 동네에서 온 돌들과 함께
둥글둥글 살아간다
돌들의 우리 동네 자랑도 다 그게 그거다

여서완

시집 〈태양의 알〉〈영혼의 속살〉〈하늘 두레박〉 등
현재 '여행문화' 기획위원, 조인컴 대표 컨설턴트
서울시인협회 이사.
yeolucent@hanmail.net

파랑새 경로당

유월 장미가 붉다
언뜻언뜻 방지턱이 보이고
세월을 움켜잡은 아득한 길 지나
마디 굵은 손에 연필 한 자루
지금이 가장 행복하다고
사랑하는 막내아들에게 편지를 쓴다

한글을 배우면 맨 처음
편지를 쓰고 싶다는 어르신들
파랑새 경로당 살구나무
동글동글 물새알 같은 이야기
가 나 다 라 마 바 사
넓은 줄 열 칸 노트 칸칸이
접혔던 마음 용기 내어 펼쳐 보인다

파랑새 마당 꽃밭에
옥양목 햇살 한 자락 들여놓고
문이란 문은 죄다 열어놓고
쉼표 없이 한 권의 바다를
한 장 한 장 파도 소리 넘기며
겹겹이 닫힌 괄호 안으로 낮달이 뜬다

달을 삼켜 버린 흥부

하늘 가까운 달동네
번지수도 희미하게 지워진 마당 없는 집
흥부네 산다
골목길 아이들 한 벌 옷 입은
고만고만한 모습 커가고
어스름 저녁 내려와
리어카에 실려 오는 노을
숨이 차다

창문마다 가을밤
고봉으로 익어간다
꿀꺽, 덩굴째 딴 박속 같은
달을 삼켜버린 흥부

한밤중이다

유희숙

충북 충주 출생, '자유문학으로 등단(1999)
시집 〈흔들리는 오후〉〈꽃의 지문을 쓴다〉〈국수사리탑〉 등
서간문집 〈편지선생님〉
손편지 강사, 인지개발 교육지도사
yuyuchon@hanmail.net

모란 장터에 가면

다양한 인간군상 밀물처럼 왔다 썰물처럼 사라지는 모란 장터
거리에 정류장에 지하철역에 넘실대는 흰 물결 주름진 얼굴
청춘을 사러 오는 게지, 기다렸다 손꼽아 기다렸다
동트기 바쁘게 장서기 바쁘게

빈손으로 무표정한 얼굴로 무거운 발걸음으로
하나둘 모여들어 잃어버린 무언가를 찾는 것처럼
두 눈 가득 빛내며 찾아 헤매는 건
양손 가득 청춘을 산 게지, 추억을 산 게지

삶의 무게 주렁주렁 매달고
돌아가는 그네들의 발걸음은
가볍다, 날개를 단 듯 사뿐사뿐

모란 장터에 가면 어느 날은 병아리를 어느 날은 강아지를
어느 날은 약초를 두 손 가득 들고 오시던 아버지
황달기 있는 동생에게 약쑥을 몸져 누운 어머니에게 약초를
정성으로 달여 주시던 아버지, 아버지

모란 장터 가는 2번 버스 안에는
주머니돈 헤아려 국밥 사드시라 내밀던
부끄러운 나의 손과 늙지 않은 아버지가
추억처럼 머물러 있네

모란 장터에 가면 우리네 아버지 어머니들이
오늘도 청춘을 추억을 양손 가득 들고는
밀물처럼 왔다 썰물처럼 돌아간다
장이 파할세라 서둘러 돌아간다.

보통골

망덕산 아래 고독이 숨 쉬는 곳
토박이도 관직을 지냈다는 오랜 무덤도
자작자작 자작나무도 슬피 우는 밤

밤새워 토해내던 불빛들은 사라지고
얼큰히 취하여 내뱉는 사연
기어이 살아내겠노라
얽힌 인연일랑 싹둑 끊어 내리라

세월을 탓하여 한숨으로 얼룩진 곳
내 의지하던 이 숨 쉬는 곳이기에
고독의 이름으로 하나 둘 모여들어
보통 사람으로 아울러 살아가리라.

이춘옥

한국방송통신대 국문학과 졸업
'월간시' 제33회 '추천시인상'으로 등단(2022)
문연학술문학상 우수상
wkdm3777@daum.net

뉘 집 감나무

문패가 대문을 할퀸다
오랜 세월 보듬어 주지 않은 까닭이다
호주를 잃은 것이 익숙치 않은 탓
삽살개의 울부짖음만이 요란한
바깥마당의 고추 대궁은 여전히 야위어 있다

뒤란을 위태롭게 지키고 서 있던
감나무가 신음을 앓고 있지만
안주인의 허리가 몹시 굽어서
고통 스스로 참아내며 덩달아 골다공증 앓는
바람이 휘몰아치던 계절에도 중심을 잃지 않았다

익은 열매의 낱알은 줄고
홍시에 손을 대는 어린 식솔들도 떠나고
키가 자라서도 제 갈 길 찾지 못하는 아이들
어미 하늘로 돌아가던 날
감나무 가지가 잘려 나가고 열매가 힘없이 목숨 떨군다

바람 불지 않은 고요한 겨울 자락
강아지 울음도 멈추고
고추 대궁 힘없이 허리 잘리고
감나무 시름시름 앓더니 종아리 아래로부터 툭툭 몸을 끊어냈다
다시 돌아오지 않겠다는 묵언의 신음만 짙다

잠자리떼 나는 계절

날 밝아오자
온기 살짝 익어간다
유월의 마지막 계단에서의 오침
누군가 피워 놓았을까
모락모락 피어오르는 그리움들
꽃잎 딛고 온 힘 다해 날아오르는 잠자리 떼

꽃을 닮아 저리도 고운
금빛 나래를 퍼득이며
그리움의 날개를 편다
죽어가는 자들 머리 위로
천년 묵은 한숨 몰아쉬며
유영하는 저 고운 놈들의 몸짓에 깃든 인고의 시절

날마다
싸리비 들고 잠자리 쫓아 허공을 휘젓던
그 어린 마음을 품어주던
밤하늘의 별 하나 둘 셋
베어 물다가 던져놓은 이빨 자국 깊은 사과를 닮은 꿈
꽃눈인가 자꾸만 잠자리 떼 아른거려 잠 설치운다

이충재

한국성서대 졸업, 고려대 대학원 비교문학 전공
'문학과 의식'으로 등단(1994), '월간시' '시 평론상' 당선으로 문학평론가 등단
시집 〈사람 섬에서 살며〉 등, 수필집 〈책의 숲속에서 멘토를 만나다〉 등
산문집 〈아버지의 영성회복〉 등, 칼럼집 〈아름다운 바보 세상보기〉
한국기독문학상, '월간시' '올해의 시인상' 수상(2019)
autom12@naver.com

보리수

우리 동네 장애인센터 뒤 후미진 곳
아무도 관심 두지 않는 그곳에서
보리수는 따스한 빛을 받았다

사람들이 눈치채지 못하게
속으로 속으로 자신을 빚어가고 있었다

청포도가 익어가는 계절에
보리수도 익어가고
태양이 머리 꼭대기에 놀러 오면
두 손 가득 열매를 자랑하고

천진난만한 성인 아이들의 웃음소리
창문 틈으로 새어 나오면
해거름도 신나서 빨라지고

버릴 것 하나 없는 보리수는
아무도 모르게 자신을 준비하고 있었다

우리 동네

돈으로 가치를 매길 수 없는 이곳을
떠나려는 건 불손한 마음이다
수리산자락에 자리 잡은 수직의 보금자리
조금만 걸으면 섹시한 모과나무에
민들레가 지천에 펼쳐져
벗어나려 하면 올가미처럼 매어진다

서너 시쯤엔 동네 꼬마 녀석들
축구 하는 소리
편의점 테이블엔 사춘기 아이들
컵라면 먹는 소리
새들은 무슨 말을 그리하는지
숲은 요란하고
저녁 찬거리 사 오는 내 발걸음은
느릿한 산책이 된다

이름 모를 들꽃이 이렇게 지천인데
사랑할 것투성인데
이곳을 떠나려는 건 죄악이라고
새들은 아우성친다

이향연

전남 고흥 출생
베뢰아국제대학원대학교 목회신학 수료
'월간시' 제32회 '추천시인상'으로 등단
ku1ku12727@naver.com

다리

섬으로 가는 다리가 놓이고
사람들은 걸어서 바다를 건넜다
어린 시절 그런 대교 같은 선생님은
나의 다리였다

밤늦게 집으로 돌아오시던 부모님
나는 어둑할 때까지 교실에 남아 책을 읽었다

창밖에 눈이 내리던 날
어깨를 감싸는 따뜻한 손,
국어선생님은
내 손을 잡고 교무실로, 집으로 데려가 주셨다

외진 구석에 피어있던 꽃, 어루만지며
목말까지 태워 주신 사랑은
겨울에서 봄을 이어주는 다리였다

창밖에는 그날처럼 눈이 내리고
꼬리를 문 차들이 어둠을 밝히며 영종대교를 지나고 있다

바닷물 위에 길이 환하다.

빛바랜 시간

무심코 열어본 한 권의 책
누렇게 변색 된 귀퉁이
사십 년 묵은 시간이 앉아 있다

천천히 바래간 시간의 향기들

몇 번을 옮겨 다닌 이삿짐 속에서
나를 따라다닌
수십 권의 책 가운데 하나
짐을 꾸리고 풀 때도 떠나지 않았던
내 젊음 한 때의 얼굴이다

어느 날 밤 새워 읽었던
밑줄 그어진 모나미 볼펜자국에
꿈 많던 시절이 스쳐가고
울컥, 가슴이 젖는다

헤르만 헤세의 '데미안'

시간은 바람처럼 떠났지만
사십 년 전 그날의
'싱클레어'와 '데미안'이
오늘 다시 설레는 가슴으로 만났다.

이희국

'문예사조'(2013), '시문학'으로 등단(2017)
시집 〈자작나무 풍경〉 〈다리〉 〈파랑새는 떠났다〉
한국문학비평가협회 작가상 등 수상
월간문예사조 편집위원회장, 시문학문인회 부회장.
현재 가톨릭대학교 약학대학 외래교수, 약사
slimpha@naver.com

셈만도 못 한

우리 고향의 셈*은 사람을 보면 인사를 잘한다고 소문이 났지요
아는 사람에게만 인사를 하는 게 아니고 오랜만에 다시 만난 사람도 기억하고 인사를 하지요

그런데 누구누구는 선거가 끝난 뒤로 자기를 위해 투표해준 유권자를 찾아와 한 번도 인사한 적이 없었는데 보궐선거를 위해 내려와 발이 닳도록 찾아다니며 목이 빠지라고 얼굴을 내밀었다나요
지난 선거 후 2년 동안 인사는커녕 그림자도 보여주지 않던 자가 때가 되니 내려와 굽실거리고 다닌다는 소문에 동네 개들이 웃었대요
발표에 3등 한 뒤엔 어느 줄에 붙어 부를 축적하기에 애를 쓰기에 분주했는지 일가나 친지에게도 소식이 없다더군요

글쎄 그 뒤로 소문이 확 돌았대요
뭐만도 못한 놈이라고
불쌍하지요?
우리 동네 셈만 했어도 당선되고 남았을 터인데.

*셈 : 강아지 이름

모여 사는 공간

도시는 건물 중심이 아니고
사람 중심이면 좋겠다

고층 건물보다
정원이 있는 단독주택이었으면

좋은 도시는 변화가 아니고
살기 좋은 공간이어야 한다

초목이 춤추고 물고기가 사는 물이 흐르고
어린이가 뛰놀며 새들이 노래하는 곳

우리 동네는 콘크리트 옹벽 아닌
비둘기집 같은 마천루가 아닌 곳.

전홍구

계간 '문예사조' 시, 수필 등단(1991)
시집 〈나뭇가지 끝에 걸린 하늘〉〈그래도 함께 살자고요〉
전국 장애인문학제 최우수상, 한국문학신문 문학대상 수상
yesnyes@hanmail.net

우리 동네 우복동^{牛腹洞}은 아직도 19세기

1
예봉산을 뒤로하고 들어앉은 우리 동네는
넉넉잡고 앞들은 수백만 평 기름진 논밭
앞은 좌승학 우와룡이 만나는 낮은 구릉
동군현 서돌방죽으로 둘러싸인 우리 마을

2
예봉산이 북북서향으로 벋어 내리고
동남향으로 승학산과 와룡산이 감싼
우리 동네는 십여 호 아늑한 무풍지대
임란 병란 육이오 때도 무사했지요

3
나는 지금 우리 동네 꼬맹이들 5대조까지도 안다
우리는 대대로 농촌에 뿌리를 박고 사는 이웃사촌
늘지도 줄지도 않고 옛 그대로 대를 이은 10여 호
등 너머까지 난데 사람 들어왔지만 군현은 못 넘어

동네 한 바퀴

1, 푸르다
아침에 동네 한 바퀴 돌고 와 돌아보니
푸르다 온 동네가 다 들도 산도 바람도
새와 새소리도 몇 집 안 되는 촌 인심도

평화란 바로 이런 것 여기가 샹 그릴라

2, 깜돌이
네 집 앞을 지날 때마다 어떻게 알고 네가 껑충껑충 뛰어나와 반기며
반 시간 넘게 걸리는 내 집 앞까지 나를 바래다주는구나 날마다 날마다
고맙다 깜돌아 맹인견처럼 앞장서서 길가에 오줌을 질금질금 갈기면서
그리고 다 왔다 싶으면 냅다 돌아서서 쏜살같이 제집으로 달려가는구나

3, 나비와 놀다
꽃밭에서 노니는 노랑나비 흰나비
나풀나풀 날 잡아 봐라 날 잡아 봐라
살금살금 다가가 손끝에 달랑 말랑
잡힐 듯이 잡힐 듯이 잡히지 않네

정대구

대한일보 신춘문예 시 당선(1972)
시집 〈칼이 되어〉 〈흙의 노래〉 〈위대한 김연복 여사〉 등
산문집 〈녹색평화〉 〈구선생의 평화주의〉
연구서 〈김수영 연구〉 〈김삿갓 연구〉 등
jungdg36@daum.net

24시 투썸플레이스

검은 유리창이 투명한 거리를 통과하고 있었다
누군가 출근하는 엔진 소리가 아침을 깨우는 알람처럼 들려왔다
어떤 날은 묵은 때를 씻겨내듯 밤새 널브러진 거리를 쓸어내는 소리에
반사체처럼 카페에서 나오곤 했다
날은 이미 밝아 있었다

한때, 공부를 하겠다고 동네 주변에 있는 카페를 오간 적이 있다
24시간 영업을 하는 그곳은 해를 넘기며 감각이 곧 시계이자 시간이 됐다
배고프면 식사를 하고 오거나, 밝아진 창밖을 보고서야 집으로 향했다
열망은 소망보다 진지했으며 습관은 아교보다 안전했다
해 질 무렵이면 각자의 노트북과 책을 든 학생들로 북적이다가
자정이 지나가면 썰물처럼 하나, 둘 사라져갔다
이제 남겨져있는 사람과 남아있는 사람이 공존하는 시간이다
누군가는 돈을 벌기 위해, 누군가는 시간을 벌기 위해 새벽에 충실했다
버텨야 한다는 관념은 고통이었고 나는 그 고통을 사랑했다
그렇게 투썸은 문장 위에 찍힌 방점과도 같이
책장 속에서 책갈피를 찾듯, 내 하루의 서표가 된 것이다

습관처럼 다시 찾은 그곳은 애당초 없는 듯 어두웠다
오랜 침묵처럼 무겁게 닫혀진 창, 불꺼진 어둠,
유리문은 검은 페이지처럼 영업을 중지한다는 문구가 쓰여 있었다
나에게 많은 열정과 시간을 선물해 준 우리 동네 투썸플레이스
눈가에 흐르던 시린 눈빛과 흰 종이를 메우던 열망들이
학생들의 두껍던 책만큼이나 두터운 기억으로 내 안에 있다

옆집 백구

찢어지는 듯한 소리와 함께 문짝을 긁어대는 소리는 시작되었다
하루를 늘 같이하던 백구 엄마가 나갔나 보다
자던 눈 비비고 무심하던 그 소리를 가만히 들어 본다
누군가에게 진정 간절함이 있다면 저만큼이나 애절할 것만 같다
절망의 끝처럼 느껴지던 고음
살기 위해 발버둥치는 마지막 소망처럼 들리기도 하다
어쩌면 그 소리는 내일을 열망하는 희망 같기도 하다
사랑한다던 사람을 보내야 했을 때에도 저토록 처절하게 울었던 적이 있었을까
매 시간 원칙에 순응하는 낡은 초침처럼 건너온 시간
참됨과 거짓
가늠할 수 없는 축축한 의식 속으로 몸을 뒤척인다
오늘따라 옆집 백구가 사랑스럽다

정서윤

서울 출생, 경희대학교 교육대학원 외국어로서의 한국어 석사
'월간시' 제25회 '추천시인상'으로 등단(2019)
동인시집 〈문학은 사랑입니다〉
현재 한국어 강사
hyae615@hanmail.net

집

삶의 향기를 담아

한 걸음 내딛으면 들려오는 문짝 소리

창문 너머로 비치는 빛의 색깔

꿈과 소망이 이루어지는 곳

어깨를 펴고 한가로운 시간을 향해

기대는 소중한 공간

계절이 변해도 바람을 느끼고 비를 피하며

때로는 슬플 때 평안함을 만나는

나의 작은 세상

온전히 받아주는 품

나눌 수 있는 곳

평벽에 선을 긋고 하늘과 손을 잡고

단잠은 바람을 불러오고

별빛과 함께 창문으로

지나온 걸음 흔적이

소중한 이야기 꺼내는 곳

초록 잔디와 미소가 만나는 햇살 빛나는 공간

생명의 근원이자 풍요의 상징

언제나 기다려주는 여기가 세상의 끝

나의 터전

본향

가자!
이니스프리 호수의 섬 아닌 그곳으로
윤슬 일렁이는 그리움에 눈물 익어가는 노을 빛나던
먼 길 고샅 돌담길 돌아
새소리 바람 소리 달래주는 여치 날갯짓으로
나부끼는 풀잎의 속살 비치는
부끄럼은 숨결처럼 별빛에 녹아들고
기품 있는 고독이 유년의 기쁨으로 이끌리는
물고기 떼 숨어 노닐던
못 가 오두막 외딴집으로
가자!
세미한 음성이 자장가로 부르시던
할머니 무르팍에 잠들었던
창조의 묵은지 묻어둔 뒷마당 그곳으로.

정태호

'시와의식'으로 등단(1987)
시집 〈풀은 누워야 산다〉 〈창세기〉 등, 수필집 〈무지의 소치로소이다〉
한국문학비평가협회 작가상, 한국문학신문 대상, 경기PEN문학 대상 수상
서울시인협회 부회장
thjung5113@hanmail.net

석양의 앵두꽃

아직은 비밀처럼
지금 **빨간** 열정이 불타고 있는 속내가
철저히 가려진 저 하얀 앵두꽃

슬금슬금 낙화하는 4월 하순
오늘 쓸쓸한 해넘이가 두렵지 않은 건
속 기운 뜨거운 맥박 때문일까?

새들이 시끄럽게 헤치고 가는 것쯤은
필연의 휘몰이 가락이라고
지상의 눈물을 어르고 가는 꽃구름 따라
석양의 앵두꽃 뜨락은 희망찬 설렘이네

그녀

꽃으로 말하면
꽃잎 굵고 긴 하얀 대국,
국화 향 깊고 그윽한 이웃의 그녀이길
모두 내일의 소망이다.

8년 전 마을합창단 연습 날엔
꼭 저쪽 자리에 마주 보이던 그녀
악보지에 시선이 꽂힌 그의 입에선
92년간 총천연색 삶이 곰삭은
둥근 소리가 달빛인 듯 그윽이 번질 땐
이미 꿈같은 종합 예술이었다.

쪽빛 바다 깊은 눈웃음으로
연습실을 나서던 92세의 뒤태,
또 놀라웠다 5cm 굽 하얀 구두까지

8년이 지난 지금도 설렘이다
가끔 그만하시다는 근황을 듣곤 했지만
요즘엔 100세 축하 가족모임에
굽 높은 샌들 대신 휠체어로 외출하셨다고
아, 나는 그녀를 자랑스럽게 응원한다.

조덕혜

월간 '문학공간' 신인상으로 등단(1996)
시집 〈비밀한 고독〉〈별에게 물었다〉
월간문학공간상, 한국문학비평가협회상, 경기도문학상 등 수상
서울시인협회 이사
1110cho@naver.com

엄마의 신용카드

딱히 돈벌이가 마땅치 않던 시절
시골엔 집집마다
닭장과 돼지우리가 있었다

닭장은 푼돈이고
돼지우리는 적금통장이다

책가방 들고 일어서며
공책 사게 돈 주세요 하면
엄마의 신용카드 닭장을 내어 받는다

암탉 한 마리 웅크리고 앉아있다
수탉 눈치 한 번 보고
슬쩍 손을 넣어 보는데 계란이 없다

빨리다오 꼬꼬야 나 지각한다
낳자마자 꺼내 들고
책가방 덜렁이며 문방구로 띈다

아저씨 산수 공책 하나 주세요~
짱구네 문방구 돈 대신 계란도 받는다

아차차 닭장 문 닫는 걸 또 깜빡했다

수천 년 애창곡

맹꽁이 한 마리 선창한다
매~앵! 맹…!
받아준다 꼬~옹! 꽁…!
박자 타더니 시작되는 합창
노랫말은 오직 맹꽁맹꽁
논배미 가득한 수 천 년 애창곡

사랑마루 단잠 중이시던
긴 수염 할아버지
마당 끝 논배미를 노려보신다.
계속되는 맹꽁맹꽁
화가 잔뜩 나신 할아버지
베고 주무시던 목침을 던지셨다

잠시 조용하다 싶더니 또다시 맹
꽁맹꽁

곰방대 재떨이 소용없고
다듬이 방망이 연달아 날아들어도
아랑곳 않는 맹꽁이들

논팔 때 저놈들을 꼭 끼워 팔아서
아주 먼 곳으로 보내든지 해야지
할아버지는 오늘도 낮잠을 밑지셨다.

최병국

'월간시' 제33회 '추천시인상'으로 등단(2022)
noona007@daum.net

친구가 그리울 땐 평택으로 오렴

성당 앞 카페에서 커피를 마셨지
걸어서 간 평택대에서 꽃 사진을 찍으며
우리만의 시간을 사기도 했고
아플 땐 서로가 보호자가 되어
마음속 약이 되기도 했지
감사하게 아이들은 서로 잘 놀아 주었고
우린 친척보다 가까운 이웃이었지

서운한 마음 뒤로하고
다른 지역으로 이사를 가고
떠나는 사람보다 떠나보내는 이가
힘든 건가 울컥했지만
눈으로 마주하지 못해도
전해지는 안부로 늘 함께였던 우리

추억이 그리운 어느 날이라면
마음의 위로가 필요한 어느 날이라면
오롯이 나를 위한 나만의 친구를 만나고 싶은
그런 날이라면 평택으로 놀러 오렴
나는 이곳에서 언제나
추억을 공유하는 너의 친구란다

부대찌개

음식은
재료 하나 틀려도
맛이 바뀌는겨
진짜 부대찌개
드셔 보셨나

다진 고기에
김치 송송
소시지 듬뿍
치즈 한 장
다진 마늘 한 스푼 넣어
보글보글
하얀 쌀밥 위에 올려 먹으면
반찬이 필요 없당께

그냥 부대찌개 말고
진짜 부대찌개
맛이 궁금하면
평택으로 오셔

최유미

'월간시' 제25회 '추천시인상'으로 등단(2019)
현재 평택 명성관세사무소 실장
youandme1346@naver.com

오산천

파리 세느강 아홉 번째 다리 퐁네프를 미셸이 걸을 때
나는 오산천 다리 위를 걸었다

가로등 조명이 하나둘 켜지자
오산천 둔치에 운동하러 사람들이 모이고
벚꽃나무 길을 걷는 사람도
커피를 마시다 입맞춤하는 교복 입은 학생도
벌레가 입으로 들어갔다며 소리 지르는 여자도
무지개 조명 아래 사진 찍다 싸우는 연인도 있었다

나는 다리 위에서 내려와 오산천 주변을 돌다 암컷에게 피를 내어주었다
제주도 용오름처럼 여기저기 부어오른 다리
오산에는 오산천이 있지만 조금도 옛날의 오산천이 아니다

이제는
물고기와 수달이 살지 않는 오산천

푸르름을 자랑했던 그 오산천은
거무스름한 언어와 냄새만 남아 있을 뿐

금암동 고인돌 공원

금암동 172-1번지 고인돌 공원을 돈다
청동기 시대부터 있었던 땅에 묻힌 커다란 돌덩이

하늘 지붕 아래
사방이 푸른빛인 물결 위에
할아버지, 할머니 바위가

인연의 매듭으로 엉킨
손자, 손녀들의 방문에
묵언으로
흐뭇한 미소를 지으시며
수천 년 동안 이 자리를 지키시네

세월이 흘렀지만
무덤은 삶의 흔적이요
무덤에서 무덤으로 대를 이으니

비록 내 몸은 지금 여기에 있지만
나 또한
무덤에서 무덤으로 건너가리라

최현아

'월간시' 제33회 '추천시인상'으로 등단(2022)
단국대학교 대학원 문예창작학과 박사과정 재학
choi5463kr@naver.com

분당 정자동 카페 거리

테라스 거리라 불리기도 하는 분당 정자동 카페 거리는
내가 매일 아침 눈을 뜨면 한눈에 내려다보이는 곳에 있다

분당선 정자역 4번 출구로 나와 오 분만 걸어도
커피 향과 은은한 음악이 담긴 다양한 맛집과 옷집 등
오백 미터 넘는 거리를 가득 메우며 아름답게 조성되어
젊은 발길들이 테라스 카페에 앉아 도란도란 대화를 나누며
정자동만의 이국적인 풍경을 만들어내 매력이 넘쳐흐르니
외지인들뿐만 아니라 동네 사람들과 지인들 삶이 끈끈이 녹아있다
삶의 의욕과 생기 넘치는 이들의 숨결이 출렁이고
가로수 푸르른 잎새미디 정겹게 친구를 부르는 새들의 합창
여름날 매미들의 노래를 들으며 애완견 제니와
매일 이 거리를 지나 탄천을 향해 산책하는 발길도
천당 아래 분당이란 말을 실감나게 한다
이 십여 년 전 이곳에 이사 오던
첫 해만 해도 가로수 한 그루 없이 허허로웠는데
드라마 영화 광고 촬영하는 멋진 신도시의 면모를 자랑하며
유럽풍 거리로 자리잡은 나의 동네
유럽의 카페 거리가 부럽지 않다
하루가 저무는 깊은 밤
오색 창연한 카페 거리의 불빛들도
다시 내일을 기약하며 사람들의 가슴에 별빛처럼 스며든다

같은 동에 사는 쌍둥이 엄마

한동안 꽤 오래 안 보이길래 이사 간 줄 알았다
어느 날 1층 안내대 앞에서 우연히 마주친 그녀
엘리베이터를 함께 오르며
이사 갔다가 전세 빼고 집수리하고 다시 이사 와요
아이들은 잘 크죠? 벌써 고등학교 2학년이 되었어요
어머나 세월 참 빠르군요. 축하해요

너무 예쁜 임산부가 나와 자주 마주쳤었다
젊은 시절 내 모습도 그랬을까
교회 다니시나요? 아니요 전 불교예요. 아! 그렇군요
그래도 제가 믿는 하나님께 예쁜 아가 건강하게 잘 순산하게
해달라고 기도해 드려도 될까요? 어머! 그럼요. 고마워요!
우리의 인연은 그렇게 시작되었고
그녀는 남아 여아 건강한 쌍둥이를 순산했다
유모차 두 대에 방글방글 두 아가의 천사 같은 미소!
어느 날 아기들 옷을 사 들고 문 앞 벨을 눌렀다
화들짝! 어머나 오늘이 우리 아가들 백일인데 어떻게 아셨어요?
물론 알고 간 건 아니었기에 나의 발길이 나도 신기했다
그 후 내가 첫 시집을 내고 그녀에게 선물하던 날
맛난 케이크를 사 들고 와 초인종을 누르며
어머나 몰랐어요! 제가 좋아하는 유명한 노랫말을
만드신 분이신 줄요!

하지영

'월간시' 공감시인상으로 등단(2020)
시화집 〈그대 발길 머무는 곳에〉, 시집 〈꿈을 만드세요〉
가요 조용필 〈친구여〉 〈여행을 떠나요〉 〈그대 발길 머무는 곳에〉 〈들꽃〉 등 작사
대한민국대중문화예술상 대통령표창 수상
ha-jiyoung@hanmail.net

도마치 고개 큰 바위

도마치 고개를 가노라면
산등성이에 큰 바위 하나 조각처럼 앉아 있다
깊은 산중에 있어야 할 바위가 이제는 산길 한가운데 버티고 있다

원초의 아름다움을 지닌 채
비바람 맞으며 단단함으로 견딘 세월
하늘을 솟아오르고 싶었을까
천만년 기다리며 부서져 티끌이 되고 싶었을까
물음표 하나 던지며 바위를 바라본다

그러나 오늘도 바위 곁을 찾아오는 새들의 경쾌함
비우고 비운 연약함이 힘이 되어
이 나무 저 나무로 옮겨 다니는데
비울 수 없는 꿈, 사무치는 꿈 하나가 있어서
바위는 천만년 한 자리를 말없이 지키고 있다
당당하고 의젓한 침묵, 음악 같은 고요
그래서 많은 사람들에게 울림을 주네

오늘도 바위 곁을 돌아 오가는 사람들
도마치 고개에서 큰 바위, 세월을 만난다

느티나무, 우리 동네

느티나무 한 그루 자리 잡은 동네
600년 된 나무 허리는 아름드리 6미터,
그 허리에서 굵은 가지가 동서남북으로 뻗어서
기상도 당당해라, 푸름을 나누어주는 나무

그 품은 넉넉하여 뭇 새들의 둥지
동네는 여기저기 느티나무 공화국
느티나무 다리, 느티나무 카페, 느티나무 마트까지

느티나무 카페 파라솔 의자에서
한가로이 그를 바라보고 있노라면
가지마다 피어나는 구름 같은 잎들이
두 손을 흔들어 여름을 노래한다

오랜 세월 버텨온 느티의 생명력에
막혔던 내 마음의 샘물도 터지고
오늘도 천변을 걸으며, 느티나무 동네에 사는
내 넘치는 기쁨과 자랑, 행복한 미소
초록빛 왕관의 믿음직한 나무
느티나무가 지키는 느티나무 우리 동네

한해경

이화여자대학교 음악대학 졸업(바이올린 전공)
'창조문예'(2019)로 등단, 시집 〈꽃이 진 자리마다〉 등
창조문예 문인회, 이대동창문인회 회원
gracehan21@naver.com

양성우 시인

우리는 어제 오후
한 아파트 단지에 살면서도
코로나를 핑계로 자주 만날 수 없는 시간을 빌려
봄날 다사로운 바람결 속에서 향그러운 커피를 마셨지.

아직도 체 게바라처럼 혁명을 꿈꾸고 있을라나
먼 산 보는 척 그의 얼굴을 살짝 바라보니
어디서 꽃그늘 스며들었나
눈빛이 연둣빛 햇살처럼 서글서글했지.

한때 나는
그가 떠난 시골 학교 국어 선생을 했지.
가을이면 안개 자욱한 마을
학다리의 아침은 늘 신선했지.

한때 나는
그의 시처럼 '겨울 공화국'에 살 때
그는 감옥에서 잠을 설치고
나는 뒷골목에서 깡술을 마셨지.

한때 내가
잠시 지리산 천은사에서 지내던 중
그가 먼저 이곳에 은거하며 시를 썼다는
스님의 말을 지금도 기억하지.

지금 내가
시의 날개가 바람칼이라고 하늘을 우러를 때
그는 압록강을 생각하며
서글픈 그 강물 잔물결 이루는 바람을 떠올리고 있지.

양성우, 그의 안에는 시가 가득하지.
그는 타고난 시의 노래꾼, 함평 천지 가락을 타고났지.
그는 한 많은 이 세상을 달관한
예수를 닮은 어린 양이지.

원당 元堂

오늘도 서울특별시를 가로지르는 지하철을 타고

원당으로 돌아오는 길은 무슨 꿈길 같네

하늘에는 천당 땅에는 원당

원래부터 사람 살기 좋다는 원당에 터 잡은 사람들은

전에는 골짜기였던 큰길 아래 언덕배기에서

몰려오는 설한풍 깊은 눈보라 겨울에도

쓸쓸했던 시간의 세월만큼 오히려 다사롭겠네

대기업 백화점이나 마트는 없지만

먼 곳에서도 일부러 찾아오는 전통시장에는

사람 사는 냄새가 보글보글 피어오르고

시장 옆 성당에서 울려 퍼지는 성가가

윤슬처럼 반짝반짝 거리를 밝히는 주일이면

거리마다 가난한 마음들이 은총으로 부풀어 오르겠네

멀리 출타했다가 원당으로 돌아오는 길은

그래서 늘 무슨 꿈길 같기만 하네.

허형만

'월간문학'으로 시 등단(1973) '아동문예'로 동시 등단(1978)
시집 〈황홀〉 〈바람칼〉 〈음성〉 〈만났다〉 등
중국어 시집 《許炯万詩賞析》 일본어 시집 《耳な葬る》
한국시인협회상, 영랑시문학상, 공초문학상 등 수상
현재 국립목포대학교 명예교수, 한국가톨릭문인회 이사장, 서울시인협회 고문
hhmpoet@hanmail.net

용주사에서
−우리 동네 1

 그렇구나, 근기近畿의 변두리로 숨어 그렇구나, 작달막한 회양목, 300년이나 조막손이 두 손으로 치받든 무성無聲의 희부연한 공간, 묵은 부모은중경 몇 줄이 삭아서 날리고 거기 진저리치듯 살 털고 눈 몇 점이 날아오르는구나(살 털어내는 황홀함이 배경으로 둘러쳐져 있다). 그렇구나, 초겨울 숨긴 왕조王朝의 정쟁政爭들도 비기도참도 나자빠진 담장에 깔려 숨겨 있으니 시퍼렇게 언어터진 토끼풀이 장삼과 이사로 끼리끼리 옹송그리고 있구나.

 입 없는 안면으로 떠 있구나. 그렇구나, 강경과 환상, 급진과 보수, 아무 이름표도 없는 우리를 무엇이라 부를까. 깃들자리 찾아 논바닥에 길바닥에 등 비비고 헤매가는 자국눈들을 무엇이라 부를까. 자전거 타고 달리는 사람들이, 찔레 덤불로 끊기고 이어져 나간 토성土城들이, 우리 미처 이르지 못한 나라쯤에서, 이름들에서 끝나는 것이 보이고 등 비비며 달리며 제 이름 찾는 눈들을 무엇이라 부를까.

작황 作況

 간 가으내 배추밭이 꿰진 조각보처럼 들녘과 산 자드락에 널렸다. 때맞춰 외지 밭떼기 장사치들이 몰려와 사들인 배추들. 그러나 한겨울 접어들어도 배추들은 그대로 밭 채 나뒹굴었다. 폭락한 시세에 얼어터진 저들은 내내 얼다 녹다 기어코 삭아 내린다. 싸움 끝난 싸움터처럼 밭에는 수수십구 폐농의 삭은 시신屍身들 즐비하다. 일철 나서면 이내 갈아엎으리라. 묻혀서 썩어 공급과잉의 푸른 조각보들로 또 다투어 서걱대리.

 우리 동네에도 아파트 동마다 시 쓴다는 시인들 사는 시절이 왔다.
 시도 폭락한 시세에 삭아 터지진 않을까.
 거기 상상력들 식상한 빨랫감처럼 옥상마다 널리지 않을까.
 이따금 밭떼기로 갈아엎은 시꾼도 있다.
 나는 묻혀서 수많은 나로 다투어
 나토리 뭉게뭉게 뼈 없는 말로 피어나리.

홍신선

동국대 대학원 국문학과 졸업, 문학박사
'시문학'에 〈희랍인의 피리〉로 등단(1965)
시집 〈겨울 섬〉〈다시 고향에서〉〈황사바람 속에서〉 등 다수
저서 〈우리 문학의 논쟁사〉〈한국시의 논리〉 등
녹원문학상, 불교문학상, 현대문학상, 문덕수문학상 등 수상
hsspoet@hanmail.ner

03

인천

방죽 마을

전등사가 있는 정족산을 마주 보고 있는 우리 동네 있음

남자들이 하루 날 잡아 장마 중에 모두 방죽으로 들어갔음

왕복 종일 4킬로미터 남짓한 방죽에서 크고 작은 물고기를 모두 잡아 왔음

저물녘 예배당 앞 무덤가에 쏟아 크고 작은 것 색깔 종류 별로 나눠 집으로 이고지고 갔음

집집마다 등잔불이 켜지고, 촛불을 켜놓고 붕어찜을 먹는 그날을 풍류라고 씀

그 방죽이 제일 가까운 집이 우리 집이고 나도 장마에는 논두렁에서 미끼리를 긁어왔음

개구리를 강아지풀 낚시로 잡아다 삶아 다져 닭 모이로 주면 그 닭죽은 보양식으로 훌륭했음

아버지는 유별나게 노동을 가지에게만 기대 동네에서 제일 많은 세금을 낸 적도 있었음

늘 홀로였던 구 씨 한 집은 인헌왕후 후예로 쓸쓸했음

한 놈만 팬다고 나의 뿌리 터만 집보다도 몇 배 더 길로 가져가 버렸음

동생은 마을 안 우물가에서 빠지고 한 번 떠오를 때 나는 잽싸게 머리끄덩이를 잡아 살렸음

울 집은 열 식구지만 회남이네 집으로 불렀음.

지금도 구회남이 혼자 들락거리고 앞으로도 아버지 집을 지킨다는 의미는 뭘까?

방죽 마을에서 풀만도 못한 베이기만 하던 밟히기만 했을 아버지는 왜 구성서였나

2부 5리 이자를 주는 빚을 내서 매 주일 헌금을 했는지 가지 수도 헤아릴 수 없는 바보!

방죽이 언 날, 눈이 오면 흰 눈 속을 씽씽 달리던 나의 스피드스케이트도 혼자였음

누구보다도 먼저 구름이 되고 싶었나보다 너는….

구회남

강화 출생
'리토피아' 가을호 신인상(2006)으로 등단
시집 〈네바강의 노래〉 산문집 〈가면의 거울〉
홍재문학상 우수상 수상
hnmk57@naver.com

오후는 슬프지 않다

빌라가 밀집한 백운역 앞 좁은 골목길 전봇대 밑
숙제처럼 쓰레기봉투가 쌓였다

필요해서 샀던 것이
골칫덩이가 되어 아무렇게나 내동댕이쳐졌다

꽃모자를 쓴 예쁜 할머니가 지나가던 길을 멈췄다
금싸라기 줍듯 구석구석 버려진 폐지를 주워 담았다

손자 놀러 오면 손에 쥐어 줄 용돈이라
김치찌개 옆에 놓을 반찬이라
집에서 낮잠 자고 있는 나이 많아진 남편 양말값이라

할머니는 아픈 허리를 펼 줄 모르다
말끔히 개운해진 얼굴로
리어카 도르르 굴리며 걸었다

오늘은 뭐 해 먹나 그렇게 중얼거리다
다시 도르르 굴리며 걸었다

할머니 뒤로 진 짧은 그림자 위로

오월의 따스한 햇살이 쏟아져 내렸다

오후는 슬프지 않다

문성혜

숙명여대 음대 졸업
'월간시' 제5회 '윤동주신인상'으로 등단(2022)
TVN 드라마 등에 OST 발표
이그나이트 3집 앨범 〈끝이 없는 이야기〉 전곡 공동 작사
aeonian0209@naver.com

소래 갯벌

인천 소래
썰물의 포구는 여인의 속살을 드러낸다

땡글땡글한 잿빛 윤기의
피부를 광채로 장식하고
은밀한 둔덕 사이로
기어나온 실장어 한 마리
바다로 물길을 낸다

송골송골 땀방울이 맺힌 듯
머드팩을 한 피부
방게들이 뻘을 점령하고

물새들의 발자국 수채화는
노을의 액자에 담겨 있다

뭇 생명체들이 공존하는
갯벌은 어머니의 활어이다

동검도

강화 길상면 동검도 마을 회관 앞

등 굽은 할머니

쪼그리고 앉아

먼 바다 고깃배 바라보고 있다

용왕님이 생활하는 심해에도

빨간 우체통이 있을 거야

씹지 못할 딱딱한 꽃게는 아니더라도

전어 냄새 한 소쿠리 부치련만

집 나간 며느리도 돌아온다는데

이근봉

한국방송통신대 국문학과 졸업
'월간시' 제13회 '추천시인상"으로 등단(2017)
현재 인천교통공사 재직
kv1109@hanmail.net

승기천의 아침

우리 동네에는
서해로 흐르는 승기천*이 있고
그 옆으로는 잘 닦인
자전거 길과 산책로가 있다

유니폼을 갖춰 입고
헬멧을 쓰고
자전거를 끌고
이른 아침 집을 나선다

새벽공기 사이로
기어를 최고로 올려
달리고 달려본다

시원한 새벽공기가
온몸을 스치는데
상쾌함이 넘쳐 폭발한다

자전거를 타고
달리기를 하고

걷기를 하며
건강을 지키는 사람들

건강과 행복이
가득하길 기원하며
페달을 힘껏 밟아 보는
자전거 타는 아침이다

*승기천 : 인천시내를 관통하는 10.3킬로의
지류 하천으로, 수봉산에서 발원하여
서해바다로 흐른다.

24시 편의점

어둠이 물 먹은 솜이불처럼
가라앉은 우리 아파트 상가
홀로 불 밝힌 편의점

밤이 깊을수록
불빛은 더욱더
휘영청 날아오르고

넓은 투명유리에 비친
아르바이트 청년의
하품이 잦아질 때

캔맥주를 사 들고
불빛 없는 집안으로
스며드는데

편의점
네가 가까이 있어 참 좋다

청년아
오늘도 수고 참 많았다
동트는 아침이 멀지 않았다

임경민

서울시인협회 회원
km3687@naver.com

04

부산

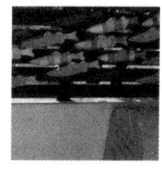

값어치

　유무형의 모든 존재에게 매겨지는 가치
　가늠조차 못 할 귀하디귀함이 있는가 하면
　뜬금없이 반 푼어치 취급되어 무참히 버려지기도 하고
　과대평가로 엉뚱한 호사를 누리기도 한다.

　목숨 걸고 내 이름값 해야 할 때가 있고
　반드시 나잇값 해야 하는 상황도 있고
　억지로라도 덩칫값으로 버팅겨야 하는 순간도 가끔 있지만
　지 얼굴값 못하는 등신, 벅수, 얼간이, 머저리
　쪼다들도 여기저기 천지삐까리다.

　자리가 사람을 만들기도 한다는데
　세상천지 높은 곳으로 가면 갈수록
　똥인지 된장인지 구분 못하는 헛쭉정이도
　온 사방에 숱하다.

　허둥대며 죽기 살기로 추하게
　지 값만 쫓기보다는
　야무진 정성 쏟다 보면
　남들이 높은 가격 매겨 놓은 자신을
　어느 날 느닷없이 발견도 한다.

　중심 잡으면서 참고 버티며
　악착같이 인생 본전 지켜 내었다면 참 참하고,
　조의금으로 장례비는 충당될 그 소박함이
　이 땅에서 편히 눈 감을 자격 정도는 받아 줜 가치,
　진정한 삶의 값어치 아니겠는가.

기수역汽水域으로

간다,
세상사 모든 짐 짊어지고
가본 적 없고 닿을 기약 없는
일천삼백 리 낙동강 먼 길,
가야만 한다.

비린내 진동하는
살 맛없는 땅,
속이고 당하는 비겁하고 싱거운 사회,
끌고 밀며
가야만 한다.

을숙도乙宿島
갈 숲 지나, 노적봉露積峰 백사장 넘어서
바람처럼 장군처럼
바다로, 바다로
세상을 절이러 가야만 한다.

박미출

동국대 대학원 문예창작학과
시집 〈자갈길을 맨발로 걸으며〉 〈은혜와 원수는 반드시 갚자〉
논문 〈장애인 문학연구〉
부산시인협회 이사
comdozpark@naver.com

산책하고 국수 먹기
−막내 손자의 일기(4)

할아버지! 오늘 시간 있으세요?
피아노 학원 공중전화로 들려오는 길 건너편 아파트에 사는 막내 손자의 음성.
왜 그러니?
학원 마치고 할머니와 함께 산책해요.
할머니는 외출하셨다.
그러면 둘이서라도 해요.
아파트 단지 사이로 난 산책로 따라 산책 나서는 두 사람.
할아버지 핸드폰으로 야구중계 들으면 안돼요?
산책보다
롯데 팀 승부에 관심 있는 막내 손자.
지고 있는 롯데 팀인데도
오늘은 반드시 이길 것이에요.
산책 끝내고 근처 상가 국수집으로 간다.
늦게 온 할머니와 함께
어른들은 대학시절 쌀 파동으로
하루 세끼 모두 먹은 국수에 질려 돈까스를 시켰는데도
막내 손자 국수를 시켜 잘도 먹는다.
전세를 뒤집는 롯데 팀에 환호하며
할아버지! 제 말이 맞지요?
할아버지! 토요일에 야구 교실에서 시합해요.
일이 있어 구경 못 간다.
아이참! 아쉬워하며 국수 먹는다.

축구 친구들과 헤매기
―막내 손자의 일기(5)

건너편 아파트 친지 집에 가다가
네 아이들과 같이 가는
막내 손자 만난다.
어디 가니 하고 묻기도 전에
할아버지! 공 차러 가요
아파트 빈터에서 공 차다가
어른들에게 시끄럽다고 쫓겨 났다구요.
그래 공부 안 하고 웬 축구냐?
하면서 집에 가 공부나 하라 하지.
할아버지
어떻게 그리 잘 아세요?
어른들 가운데
엄마들이 제일 야단이지요.
그런데 너희들은 어떻게 나왔니?
엄마에게 약속했지요.
축구하고 나서 열심히 공부하겠다고.
할아버지!

나는 축구도 하고 야구를 해도
공부도 잘하고 특별히 수학도 잘 하잖아요?
그래, 너무 잘난 체 말고
항상 겸손하게 살라는
예수님 말씀 잊지 말아라.
할아버지! 알았다구요.
친구들과 공 찰 수 있는 장소 찾아
쏜살같이 달려가는 막내 손자.

양왕용

'시문학'으로 등단(1966)
시집 《천사의 도시, 그리고 눈의 나라》 《백두산에서 해운대 바라본다》 등
부산대학교 명예교수. 한국현대시인협회 이사장
시문학상, 부산시문화상 등 수상
서울시인협회 부회장, poyong43@naver.com

부산 1953년

슬픈 얘기도 많았었지.
전쟁의 쓰레기들이 쌓이던 항구에서
지금은 영화나 소설에서도
통속적이라고 비웃는
유치한 인생들이
절실하게 살고 사랑하고
죽어가는 사연들이
왜 그렇게도 많았을까?
이별은 또 왜 그렇게 흔했을까?
여자들은 몸을 팔았어.
그리고는 머리털이 빠지고
온몸에 종기가 돋으며 죽어갔지.
그 짓도 못 하는 여자들은
치마를 둘러쓰고
바다로 바다로 몸을 던졌지.
점쟁이들도 흔했었어.
다리 아래 즐비하게 늘어선 판잣집들.
더러는 통곡 소리도 들리고
눈이 부은 아낙네들이 흐느끼며 나와서는
이내 바쁜 걸음으로 사라지곤 했었지.
가설무대도 흔했었어.
챠리 박인지, 쌔리 김인지

석탄 가루 날리는 광장에서
자지러지던 트럼펫 소리.
천막이 걷혀지면
유행가 같은 사연들이 한바탕 즐비했었지.
가수를 사랑하던 어떤 여자는
아기만 남겨 둔 채 음독하고,
군인들은 무더기로 실려갔지.
그리고는 소식이 없고
밤이면 여인숙에 손님을 끌고
싸우고 도망치고 붙들려 가던
까까머리 그 아이들은 어디 갔을까?
슬픈 얘기도 많았었지.
지금은 빌딩의 그늘에 묻혀
고상해져만 가는 사람들의 구둣발에
무심히 짓밟히는
휴지쪽 같은 인생을
우리 그렇게 피 흘리며 살던 때도 있었지.

유자효

1968년 신아일보 신춘문예 시, 불교신문 신춘문예 시조로 등단
시집 〈성 수요일의 저녁〉〈떠남〉〈신라행〉〈세한도〉 외 다수
김삿갓문학상, 정지용문학상, 공초문학상, 유심작품상 외 다수 수상
서울시인협회 초대 회장, 현 한국시인협회 회장
yoojahyo@hanmail.net

다대포구

입은 삶의 전부다
아귀가 한 말이다
대성호 명성호 승리호 영광호
만만치 않은 이름의 무게를 싣고
올망졸망 기대고 같은 꿈을 꾸는
다대항 자망선들
물살을 베며 다투어 나가선
이물을 바짝 들고 귀항한다
디젤엔진의 거친 숨소리가
먼저 선착장에 오르고
버릿줄이 곡주에 단단히 걸리면
몸의 절반인 입으로
아구아구 먹어 치우던 아귀들이
다 내려놓은 표정으로 하선한다
말리든지 삶든지
물컹하면 만만한 법
아재 팔뚝엔 핏줄 불끈 서고
아지매 입은 더운 김을 뿜는다
물속에서나 물 밖에서나
먹고사는 입이 많아
바다는 늘 거품을 문다

부산 사람

부산 사람은 부산스럽다
자갈치에서 회칼 잡은 사람도
다대포에서 아귀 배 따는 사람도
해운대를 팔아먹는 사람도

마
회칼에 찍힌 도마의 비명 같은
거두절미 외마디가
아무데서 무시로 나지만
부산 사람들 움찔하지 않는다

보소
훅 치듯 들어오는 말
와요
받아치면 부산스러워진다
거품 물고 귀항하는 트롤선
이물로 달려드는 갈매기들처럼

소금바람 서걱거리는 데서나

산복도로 비탈길 만디에서나
하여튼 부산 사람들
부산해야 산다

부산釜山
이름값 한다고
뜨겁다 부산 사람들

이상록

경북대 국문과 졸업
'월간시' 제15회 '추천시인상'으로 등단(2017)
부산일보 신춘문예 당선(2023)
everee21@hanmail.net

동백섬은 나의 정원

비가 온다
동백섬 체육공원은 쉼표를 달아 놓았다는 전말을 듣는다
할 일을 잃어버린 아침에 구멍이 생긴다
왠지 하루가 지루할 것 같은 허전함
멈춤의 미학으로 즐기기로 한다

아침의 공허가 비바람을 껴입는다
새벽 시간에 맞춰 뛰던 맥박 수는 고장 난 벽시계로 멈추고
무기력해진 체력은 소파로 내려앉는다

물빛을 가르는 잔상이 여러 갈래를 지나
차츰 낮달 같은 햇살이 슬몃 떠오른다

나는 새벽 시간을 보상 받기 위해 집을 나선다

해운대 바닷가가 지척이어도 휴가 철이면
주변 상황이 분분하여 스스로 금지령을
내렸었던 그동안이 사소한 외침으로 온다

수십 년을 살아도 실감은 체험을 원하지 않아
조용한 곳을 선호하는 나는 하마 이주할 의향을 품고 살았다

해변을 둘러앉은 동백섬 주변
늦늦한 햇살을 파고든 각국의 인종들로 발 디딜 틈 없다
거주지를 공해로 여겼던 나는
유명세의 후유증을 자부심으로 전환한다
와이키키 해변을 걷는 것처럼 낯선 것의 맨발이 뜨거워진다

104호 아저씨

도시의 마당은 아파트 도로 따라 이어지는 골목마다 피고 지는 들은 형식적인 꽃들로 빼곡하지 나는 어중간한 화단에 쪼그리고 앉아 순수한 꽃밭이 그리워 빼곡한 아파트 숲 너머너머 흙 내음 물씬한 유년의 마당을 불러들이지 기억 한켠 맨드라미 백일홍 채송화가 옹기종기 핀 해맑은 햇살이 내려앉은 마당 봄이면 모종삽 들고 이집 저집 옮겨 다니며 꽃심을 나누었었지 장독대 뒤로 봉숭아 꽃물 든 복사꽃 같은 소녀는 키 큰 코스모스 바람결에 숨어 수줍은 꽃다지로 앉아있었지 여름이면 고추잠자리 비행하는 주변을 맴돌며 과꽃 같은 손을 흔들었었지 해종일 볕 무르익은 앞마당엔 정겨운 이웃의 향기 널리 퍼져나갔지 흙먼지 쓸어내던 앞마당 땅따먹기 하는 아이들 지구를 몇 바퀴 사고팔고 했었지 아득한 시절 지금은 마당이라는 단어가 낯설어 인공적인 화단에 문패를 달아 친화력을 키우지 추억의 꽃 사라지고 외래종 꽃들로 장식한 단지 앞 퇴직 후 수십 년을 내 집 앞마당을 가꾸듯 정성을 다해 부산에서 제일 예쁜 화단을 가꾸었었지 새삼 아저씨의 세월에 의문이 들지 104호 아저씨가 놓아 버린 꽃밭 비도 볕도 들지 않지

이효애

'문학사랑'(2008), '시문학'으로 등단(2013)
시집 〈손등이 가렵다〉 〈침묵하는 새〉 〈그 틈, 읽기〉 등
라빈드라나드타고르 문학상, 부산시인협회상, 자유민주시인상 수상
eagle4716@hanmail.net

우리 마을

잠들지 않는 바다는
생떼를 쓰며 발길질을 한다

고단한 고깃배는 고동을 깨우고
물로 바다를 덮는 청사포의 엑소더움은 어촌이다

흰 구름 술렁이고
드센 바람은 고독한 울타리 안에 있다
화기애애한 요트장이 이웃이다

물 설은 곳 찾아 둥지를 튼 사람들이
하늘가에 넉넉한 창을 내고
수시로 바다를 낚으며 푸름을 건진다

긴 낮 그림자가
해수면에 세상을 끌어내리는 시간
으스름은 짧은 눈짓을 한다

서쪽으로 마냥 기우는 저녁놀의 무게
측량하는 눈시울이 고달픈 수고를 나눈다

비릿한 내장을 비우는 공동 어시장은
부산하다
하루를 팔고 남은 비늘을 털어낸다

물길에 발을 담그고
파도를 줍는 어촌의 삶이 전설이 된
낯선 해변이다

해일

우거진 숲길이 쓰러져 있다
갯바람을 맞으며 굵어진 잔뼈들이 소스라친다
우람한 소나무의 탯줄이 공허하고
까마득히 어린 날들이 무참하게 짓밟혔다
좁은 길은 아득히 넓어지고
짙푸른 날숨이 포로가 된다
세찬 물결이 공원을 살해했다
해풍에 날아간 잡목들의
한 토막 생의 무용담을 앗아간
바다로 이어지는 좁다란 샛길은
번화가의 이면이다
도회지가 생겨나기 전
알몸으로 버티어낸 고사목의 불굴의 투혼
해일이 흩어버렸다
고즈넉한 그늘이 되어준 뒤안길
생살들의 넋두리가 그치지 않는다
삭막한 폐허더미에서
살아남은 몇 그루 나무들이 신음하고 있다
까마득히 슬픈 그림자의 흔적 지워지고
바다 빛 하늘이 드넓게 출렁거린다

최귀례

'창조문예'로 등단(2003)
시집 〈폴 세잔느의 여행〉 〈낮잠〉 〈바다의 뿔〉 〈타인들의 마을〉 등
부산크리스천문인협회, 부산여류시인협회 회장 역임
현재 예향다원 원장
countrycha@naver.com

05

강원도

주문진 사람들

내 고향 주문진 사람들은
멸치 대가리조차 보기 힘든 바다와 같다
어판장이 마른 지 몇 십 년이어서
무슨놈의 바다라고 욕하면서도
시간이 나면 터진 그물코를 깁고
바다의 흉년을 털 듯
만선인 듯 빈 그물을 파도처럼 탁탁 털며
하도 기가 막혀 파도처럼 웃는다
흰 이를 드러내고 성내면서
바다를 못 버리고 사람 좋게 웃기도 한다.
그래 바다야 그물로 늬 자궁 바닥의
전쟁이까지 다 긁어간 내 잘못이 크다.
이러다 처자식 다 굶어 죽이겠다.
바다야 파도야
이제 세월도 녹쓸 만큼 흘렀으니
늬 선생의 자국을 열어다오.
예전처럼 오징어 따라온
개복치도 특맛이라면 한 번 먹어보자.

밤바다

안 보이니까 밤바다다. 보이면 어찌 밤바다일 수 있겠느냐. 소경이 보는 바다와 같다. 또 보인다고 한들 어찌 다 볼 수 있겠는가. 일생을 두루 보며 살아왔다고 생각했는데 어느 날 눈 떠 보니 캄캄한 벽이었다. 수직의 벽인지, 수평의 벽인지 가늠할 수 없는 벽이었다. 아니다. 수직의 물인지 수평의 물인지도 알 수 없었다. 그 무한량의 벽과 물의 두께와 길이에서 넓이와 깊이에서 파도가 뇌성벽력처럼 이마를 때려 산산조각이 나는 것을 느낄 때가 있다. 밤바다와 마주한다는 것은 면역이다. 산다는 것은 득도하는 길이다. 득도하고 깨치기 위해 나는 날마다 면벽하고 그 벽에 중처럼 처절하게 이마를 부딪는다. 이마가 골을 쏟으며 하얗게 기절한다. 파도가 된다. 그 파도조차도 밤바다는 삼켜 버린다. 파도는 소리만을 남긴다. 파도가 소리로 끓어오르고 온갖 짐승들이 괴로워서 울부짖기 시작했다. 지옥인 듯 날카로운 이를 드러내며 서로의 살을 물어뜯고 할퀴고 삼키는 소리였다. 나는 내 삶의 처절한 현장에서 파도처럼 절규한다. 아아, 밤바다처럼 캄캄하게 살아왔구나.

강우식

강원도 주문진 출생, 성균관대학교 대학원 졸업, 문학박사
'현대문학' 추천으로 등단(1963-1966)
〈사행시초〉〈살아가는 슬픔〉〈마추픽추〉 등 시집 다수
현대문학상, 한국시인협회상 등 수상
suhung2002a@naver.com

우리 동네 김간난 할머니

할머니보다 더 무거워 보이는
열 살 넘은 불독을 유모차에 싣고
김간난 할머니는 오늘도
끙끙대며 동네를 휘젓는다
강아지도 볼썽사나운데
무슨 큰 개를 유모차에 싣고 다니냐는 목소리에
아흔 할머니 눈썹 솟구치고
희번덕거리며 눈알 부라린다
"내 맘이여, 싣고 다니던 끌고 다니던"
열여덟에 전쟁으로 헤어진 남편이 꼭 돌아올 거라고
남편 닮은 불독에
남편 좋아하는 칼국수 가게를 차려
홀로 맘졸이며 기다리는 사연을
너희가 아냐고
유모차 그림자를 밟으며 할머니 중얼댄다

간판도 낡고 손님도 없는
폐점된 희망칼국수 가게엔
오늘도 힘든 하루 잘 견뎠다고
은근한 눈길 서로 건네는
노을보다 고은
풍경이 있다

스무 살, 겨울 심곡항

입시에 낙방한 내 꼬락서니가 우스웠는지
계집아이는 냉담하게 곁을 떠났고
울음을 삼키며 나는
강릉 심곡항 겨울바다에 섰다.
눈보라는 거센 바람에 내몰려 밤새 비틀거렸고
퀴퀴한 민박집에 웅크려 앉은 나는
우우거리며 쏟아지는 파도 소리 들으며
경월 소주에 취해
여우 같은 그녀를 지우고 또 지웠다
수로부인 눈웃음에 피가 끓어, 끓어
해파랑 절벽을 올라 목숨 같은 철쭉꽃 바치고는
바다 향해 꺼이꺼이 울던 사내
날카로운 쇠바늘에 온몸 꿰어 퍼드덕거리던
나같이 눈먼 겨울 숭어였는지 몰라,
쓰벌, 사랑은 죄다 개뿔이었어
아침 늦게 눈을 뜨자
민박집 아주머니가 망치매운탕을 끓여
머리맡으로 들이밀었다.
"젊은이, 속이나 풀게"
발자국 하나 없는 눈밭 심곡항 너머
푸른 바다가 햇살을 이고 일렁였다
스물, 눈부신 겨울이었다.

고용석

'문학미디어' 신인상으로 등단(2013)
시집 〈자자를 아시나요〉 〈양미리〉
자유민주시인상 대상, '월간시' 제정 '올해의 시인상'(2023) 수상
현 서울시인협회 사무국장, 월간시인 편집장
koss54@hanmail.net

어라와 나

돌에 앉으면 돌잠자리
물에 앉으면 물잠자리
고추밭에 앉으면 고추잠자리

마당에 앉아 있으니
하늘이 마당같이 넓은데
하필이면 잠자리가 내 머리 위에 앉았다
무어라 불러줄까 고민하다가
이틀이나 생각하다가 이름 붙여 주었다

어라? 하는데도 자꾸만 머리 위에 앉았다
저나 나나 크게 불편하지 않았다
어라와 나는 친구가 되기로 했다

친해지는 거 참 쉽다

어느 천 년에

미국 구경 가고 싶은데
고추하고 옥수수가 망가져서
미국 가는 비행기 삯이 없다

태평양을 건너자니 멀고도 깊다
내가 잘하는 개헤엄이나 개구리헤엄으론
칠 년이 걸릴지도 몰라 포기하기로 했다

밀항선을 타자면 잘 생겨야한다는 데
여벌의 뻥 돈이라도 있어야 한다는 데
미국 갈 뾰족한 수를 모르겠다

미국 구경 가고 싶은데
고추하고 옥수수가 망가져서 포기하기로 했다
내년부터는 농사를 더 잘 지어야겠다

오늘도 아니꼽게 강아지가 웃는 이유를 모르겠다

고 철

강원 철원에서 태어나 홍천에서 성장
'작가들'로 등단(2000)
시집 〈핏줄〉 〈고의적 구경〉
rivercba@naver.com

고향집 밥상

어린 시절,
소박하지만 도란도란
사랑 먹고 자란
배려 깊은 두레밥상

특별한 날 생선 몇 토막
별미 부침개 몇 조각

식구 수보다 나눔이 모자랄 땐
오히려 한 개씩 남고
아버지와 어머니는 당신 몫 다 챙겨 드셨다지만
음식이 적을수록 남아돌았다.

사랑이 배려라는 걸 자연스레
빗물 스미듯 뿌리에서부터 익혀온
물질적 부족함의 여유로운 풍요다

잘 먹고 사는 지금 누구나
맛있고 좋은 것부터, 모자라면
앞다투어 오가는 젓가락의 당연함이
못내 허허로운

부끄러움처럼
옛 고향집 밥상을 불러낸다

꿈을 키워준 은행나무

어릴 때 뛰놀던 성당 마당
양쪽 끝에 마주 보고 서 있는
은행나무 두 그루

푸릇푸릇 꿈을 심어
노란 웃음 날리고 열매 맺어
바람에 나부끼며 아픔 다독이던 몸짓,
그땐 몰랐었네
늘 서로 보고 있어도
가까이할 수 없는 그리움이
너의 외로움인걸

햇살 늘어진 그늘 아래 공기놀이 하던 웃음소리,
숨바꼭질 술래 되어 눈 가린 두 손
네 가슴에 기대어

'무궁화꽃이 피었습니다'
친구들 숨소리 숨어든 가슴에 고인 흔적
오랜 세월 흘러 흘러 뜨겁게 밀려든다

내 마음 한켠에 자리 잡은
외로움도 다정인 양 포옹하며 꿈을 키워 준
너, 여전히 그 자리에서 변함없이
자연생명의 평화 지켜내는 사랑의 숨결
바람 소리 담아 흘러내린 세월을 읽는다

김귀자

'문예사조'에 시로 등단(2002), 시집 〈백지 위의 변주〉〈백지가 되려 하오〉 등
동시집 〈반달귀로 듣고〉〈옆에만 있어 줘〉〈내 눈은 USB〉 동화집 〈종이피아노〉,
〈마음을 찍는 사진기〉, 수필집 〈달팽이는 뒤로 가지 않는다〉 등
천강문학상, 한정동아동문학상 불교청소년도서저작상 등 수상
lovelymari@hanmail.net

58분 일기예보

강원 동북단
거진읍 현내리
영동 지방

치과의사 나쁜 놈
틀니를 박았는데
박치과에서
돈을 적게 줬나
4백30만 원이나 주고
아파서 낄 수 없어
끼면 붓고 피가 나

빠진 이 보이며
욕을 하는데

어느새 나이 팔십
삼팔 이북 고향
육이오 때 내려와
현내리 사는

이제 나와 친구 된

신기창 씨

문어 숙회에
소주 한잔하며
내 집에서 밤을 새운
그 신씨가

빌어먹을 통일이 언제 되겠어
내 눈에 흙 들어갈 날 낼 모렌데
이쪽저쪽 포 쏘고 지랄 치니

늦도록
나에게 넋두리하며
졸린 내 잠을 깨우기만 하더니

밤 12시
자정 뉴스 2분 전
58분 일기개황

-청진 18도 원산 17도 함흥 18도
먼 바다 파도 3에서 5미터-

남쪽 지역 각 도시

일기예보 끝

북녘땅 자기 고향

일기예보 듣고

빠진 이 드러내며

선하품하고

드르렁 드르렁

코를 고는 그

그제서야 가까스로

나도 잠을 자려고

전기 스위치를 끄려다가 보니

불빛에 비친 모습

내가 그인지

실향이 서러운

그가 나인지

김명수

경북 안동 출생, 서울신문 신춘문예 시 당선(1977)
시집 〈월식〉〈하급반교과서〉〈침엽수지대〉
〈곡옥〉〈언제나 다가오는 질문같이〉 등과 〈김명수전집〉 10권
오늘의 작가상, 신동엽문학상, 만해문학상, 해양문학상, 창릉문학상 수상
dcza77@daum.net

우리는 강에 기대어 산다

영월 사람들은 강에 기대어 산다
동강 사람들은 동강에
서강 사람들은 서강에 기대어 산다
따로 사는 것 같지만
서로에게 기댄 채 살아가는
연리목처럼 한 몸이다
아플 땐 같이 아프다
동강에 댐이 들어선다고 했을 때
서강 사람들도 붉은 깃발 들었다
서강에 산업 폐기물 들어온다고 할 때
동강 사람들도 같은 깃발 들었다
꼭 동강에 기대 살지 않아도
서강에 기대 살지 않아도
강이 아플 때
같이 아파하면
모두 영월 사람들이다
오늘은 영월이 좀 더
넓어졌다
영월이 더 길어졌다

청령포 수호목

청령포 강변 저류지

마을 수호목

너무 높은 데 있어서

풀도 나무도 오지 않는다

사람도 새도 오지 않는다

벌레도 뱀도

토끼도 오지 않는다

그 많던 사람들

다 떠나보내고

오백 년 전

이곳에 유배된

왕의 시간처럼

오늘도 혼자 바람을 맞고

눈을 맞는다

김용아

'월간시' 제11회 '추천시인상'으로 등단(2017)
시집 〈헬리패드에 서서〉
5월문학상 수상
novel02@hanmail.net

겨울 천렵

두툼한 햇살 쌓여
포만감에 찬 산골 유치리
골짝마다 흰 살결이 부푼다

황소의 누른 울음 밴 논두렁 따라
푸짐했던 알곡 흔들어 깨우며
미꾸라지잡이로 들썩거리는 오후

늙다리 사내들의 짓궂은 웃음소리
논배미 귀퉁이로 잦아들고
웅덩이 살얼음 아래
시치미 떼고 코 박은 양수기
버럭버럭 소리 지르며 겨울잠을
깨운다

언 땅속에 둥지 틀었을 미꾸라지
둥글게 말고 있던 졸음 쫓아내며
허겁지겁 양수기 앞을 더듬는 순간
멈춰~ 멈춰~
적신호에

여기저기서 씨알 줍는 소리
골짝을 온통 흔든다

행랑채 묵은 가마솥에 끓고 있을
추어탕이 구수하고
수제비 떠 넣는 손길 바쁘다는 기별에
산골 사람들 모여들어
저녁노을 앞에 모닥불 피우겠지

오일장

뽀글뽀글한 웃음 한 다발 이고
보자기 쓴 채 미용실에서 나온 여자
쌈지 주머니 열어놓고
북적대는 장터에서 장바구니 넘치도록
대목장을 미리 본다
제수 물건은 깎지 않는 거라며
시누이가 준 금일봉으로
조기 문어 홍합 도라지 고사리
흥정 없이 고르고
감 대추 밤 사과 배 산자 약과 곶감 북어는
둘째 며느리 몫으로
소고기 닭고기 돼지고기는
막내며느리 몫으로 남겨 두고
맏며느리 몫은 텃밭에 풍성하다며
호미 낫 연탄집게 빨랫방망이 다듬잇방망이
고무신 장화 서방님 털신
주전자 양은냄비 세숫대야 시어머니 놋요강
정신없이 고른다
머리 풀 시간 잊고
덤까지 주워 담다가
엉킨 풀뿌리에 나자빠지는 여자
깔깔거리는 시누이 웃음에 놀란 신발
난전 옆 무성한 풀섶으로 냅다 달아난다
닷새가 지나도 텅 빈 난전
굳은살 같은 날들이 딱딱하다

김해빈

월간 '시문학'으로 등단(2010)
시집 〈저녁을 하역하다〉 〈1인치 나사를 조이고〉 등
한국현대시 작품상, 푸른시학상, 박종화문학상 수상
khj4832@hanmail.net

산사에 등불 켜지고

온 산의 나무가 비 맞을 준비를 하고 있는
부처님 오시는 날
뻐꾸기 소리 들려오는 숲길 걸어서
산사에 등불 밝히러 갔네
대웅전 앞마당 연꽃 가득 피어나
일체중생들 합장하고 부처님 맞이하네

마당에 걸어 놓은 연등들
비에 젖어 꽃잎 떨어지는데
내 어머니 달 속에서
부처님 오시는 길 마중 나와
연등 켜는 날

농사에 필요한 비 때맞춰 잘 온다고
일 년을 기다린 기쁨의 연등 비에 젖어도
주지스님 넓은 도량으로 비를 축복하네
부처님이 가뭄 든 사바세계 걱정하여
비를 몰고 오셨나 보오

설법과 함께 들려오는 비의 간주곡
부처님의 사리 입은 발가락도 젖으셨네
연꽃잎이 열리는 말씀
어머니의 흔적처럼 아늑했네

명화가 걸려 있는 아파트 담벼락

양귀비꽃 언덕에 서 있던
모네의 여자와 아이가 양산을 쓰고 나와
덩굴장미 피어있는 유월의 길을 걷는다
여름의 화가는 사랑하는 사람에게
덩굴장미 정원을 그려 주려무나

까마귀들은 밀밭을 날다가
버스 정류장을 서성이는 비둘기를 만나
태양이 가득한 밀밭으로 데려가고
밀짚모자를 쓴 고흐는 이젤을 들고
낯선 동네 벚꽃 만발한 길을 걸어간다

눈이 내리는 샤갈의 마을에
여자와 남자가 날아서 예배당에 간다
눈 내리는 날에는 나도 하얀 마을을 날아서
예배당에 간다
하나님은 담벼락 아래로 눈을 맞으며 오신다

클림트의 키스 속의 황금빛 여인은
곧 떠날 것 같다
여인의 젖혀진 얼굴은 남자를 바라보지 않는다
우리 동네의 화가들은 유학을 갔고
모네와 화가 친구들은
작은 동네 길에서 만나 카페로 간다

심재옥

월간시' 제12회 '추천시인상'으로 등단(2017)
시집 〈파도가 날으다〉
인천 능허대 러닝센터 교사
stingtree65@naver.com

옆집 아줌마

그 아줌마 요양원에 보내졌다는 소식이다
깜빡깜빡 잊는 것 외에는 별 증상도 없다는데 보내졌다
외아들과 외며느리 전셋집이라 어머니 들일 방 한 칸 없어
보내졌다는 말도 있고 모시기 힘들어 보냈다는 말도 있고
뜬구름 같은 소문, 남의 일 같지 않아
나도 뜬구름처럼 뒤숭숭하기만 하였는데…
아니, 그 아줌마 어제 별세하였다는 소식 창틈을 타고 건너온다
멀쩡한 사람, 자식들이 너무 일찍 요양원에 처넣어 죽었다고도 하고
새 장에 갇힌 새처럼 우울증에 걸려 죽었다고도 하고
뜬구름 같은 소문 무성하기만 한데
아들과 며느리는 콧물 훌쩍거리며 빈소를 지키고
영정 속 그 아줌마,
속내는 다 안다는 듯 빙그레 웃고 있다

텅 빈 마당

천둥 같은 빗방울들이 마당으로 쏟아진다

마당은 금세 물바다가 된다

날짐승 먹이로 남겨 둔 아버지의 경전 같은 콩알들이

둥둥 떠내려 간다

아버지가 떠내려 간다

지상에 남겨 둔 아버지의 유훈,

목숨 가진 것들은 다 먹어야 산다고

저 풀잎들은 산소를 먹고 수분을 먹고

날새들은 낟알을 먹고 벌레를 먹어야 살 수 있다는 유훈

그 유훈 빗물에 둥둥 떠내려 간다

텅 빈 마당,

이제 아버지도 가고 콩알도 가고 새들도 숨죽이고 풀숲에 든다

빈 하늘만 먹구름 같은 큰 눈알을 굴리며

빗줄기 속에서 주룩주룩 장단을 맞춘다

떠나간 것은 아름다운 것이라고

떠나간 것은 새 생명을 낳는 것이라고

이영춘

경희대 국문과, 동 교육대학원 졸업, '월간문학'으로 등단(1976)
시집 〈시시포스의 돌〉 〈시간의 옆구리〉 〈노자의 무덤을 가다〉 〈따뜻한 편지〉 등
윤동주문학상, 고산문학상, 유심작품상, 천상병귀천문학상, 김삿갓문학상 등 수상
현재 한림대학교 평생교육원 시창작반 교수, 서울시인협회 부회장
lycart@hanmail.net

주문진 등대의 은유

하얀 정장 차림의 랍비가 언덕 위에 홀로 서 있다

어떤 이유도 없이 그가 그냥 서 있을 리가 없다
몇 개의 초월은유를 생각했으리라
알레고리도 함께 웅크리고 앉아 있으리라
이마엔, 울음의 강물이 완곡법으로 흐르고

귀퉁이가 헤진 시작법이 계단에 가득 쌓여있다
그의 가슴으로 창백한 얼굴의 부호들이 드나들던
허술한 문장들이 귀가할 땐 나팔꽃이 된다
그가 주제의 통일성을 잊은 목선을 예인하는 날엔
정신의 뿔이 날카롭다
수평선 위의 철갑선도 그의 직유법 강의를 들으면
미소 띤 의성어의 얼굴로 1연에 정박한다

그가 잠든 사이에 포스터모더니즘이 죽어 간다
날마다 고통의 시상 전개가 시작될 때면
1mm의 1연이 담쟁이처럼 연으로 자란다
가끔, 우울증의 서정시가 그를 찾아온다
단단한 고독의 사유로부터 이탈을 요구하는 그의
마지막 계단엔 모순된 상상력을 위해 게보린이
언덕을 이루고 있다

차돌박이 된장찌개

가스불 위의 냄비 속에 둘러앉아 운명을 쓴다

초당깍두기두부는 청매화의 출산 소식을 전한다
겨울과 한판 싸우다 찾아온 애호박,
의기양양한 표정으로 앉아 언 강물을 위로하고 있다
성산 들판에서 홀로 뒹굴던 바람 한 점,
한 덩어리의 궁핍을 팽이버섯 무릎에 얹어 놓는다
된장은 황톳빛 영혼을 풀어 간을 맞춘다
식탁은 열정의 냄비를 받드느라 진땀을 흘린다
그러나 하회탈처럼 웃는다
한우의 옆구리에서 탈출한 차돌박이 살점들,
끓는 국물 속에서 백일기도로 칩거 중이다
그들은 인터넷쇼핑 숭배자이지만 학력은 무졸이다
가끔 태양이 중천을 걸을 때
모두 냄비 속에 모여 앉아 운명의 묘혈을 파고 있다
가스불이 독기를 품을수록 웃음꽃은 해바라기처럼
피어나고, 그들은
어깨를 맞대고 마림바에 맞추어 춤을 추고 있다
창밖의 3월 햇살이 넉넉한 생의 쓴맛을 굽는다

그들의 짠 눈물을 한 여자가 무심히 떠먹고 있다

정계원

계간 '시와세계'로 등단(2007)
시집 〈접시 위에 여자〉 〈밀랍물고기〉 〈내 메일함에 너를 저장해〉
한국문학관협회 우수공로상 수상, 영랑문학상 본상 수상
gwjong0829@hanmail.net

나무빨래판

직업군인 삼십 년
전근 때마다 용달차 맨 위에 앉아
전방 골짝, 골짝을 누비더니
서울까지 따라와 베란다에서 젖은 몸 말린다

찌든 때, 애벌빨래, 가난마저 다 받아준
저 초라한 늑골
거품을 묻혀도 검버섯을 지우지 못하고
골이 닳아 밋밋한 가슴으로 생의 한 귀퉁이를 지켰다

왜 아내는 세탁기를 두고 굳이 빨래판을 고집했을까

손빨래로 손수 베풀고 싶었던 아내
물기 마른 저 앙상한 갈비뼈

뒷사람

흰 모시적삼 아버지
중절모에 팔자걸음이 앞서가고
누런 베적삼 어머니는 열무 단을 이고 따라간다
힐끗 돌아보며 왜 이리 더디냐고
타박하던 아버지

한껏 치장한 젊은 며느리
깃털 같은 손가방 들고
아들은 아이 안고 기저귀 가방도 들었다
뒤를 보며 늦었다고
짜증내는 며느리

힘든 것은 언제나 뒤쪽에 있다

최태랑

'시와정신'으로 등단(2012)
시집 〈도시로 간 낙타〉
인천문학상, 김만배작가상, 아산문학상 수상
ctr5555@hanmail.net

강릉 중앙 시장의 새댁

오래된 시장의 묵은내는 묻어둔 그리움이고
띄엄띄엄 변화되는 모습은 세월의 강줄기 같다
골목마다 나 앉은 난전들은 여전하고 친척만큼 반가운 얼굴이네

골목 첫 집은 우리 반 반장 집이었는데
눈매가 예쁘고 볼이 후덕했던 모범생
책가방을 맡기고 엄마의 심부름을 총총히 누비던 골목

강릉을 떠나 오랜 동안에도 한 해에 몇 번씩 드나들던 곳
어시장 기름집 산나물 과일들이
오후부터 나 앉은 할머니 아주머니 좌판 안에 있다
가을에는 연시가 감잎에 싸여 나무구박 안에 있기도 하다

함께 주저앉아
오천 원어치만 주세요
아이고 새댁 마카 다 가져가요 육천 원에
새댁이요 나도 할머니인데
내 물건 사는 이는 다 새댁이요 이쁘니까

서로 웃는다. 찡한 가슴이 파도 친다
시장통에서 만나는 새댁 시절 풋살구 향내가 나는 듯싶다

성당 안 귀퉁이

믿기로 결심하고 세례로 그 문턱을 넘으면서
오랜 세월 시계추처럼 오가던 곳
언제나 그곳은 머릿속에만 있고 가슴까지 내려가지 못했다
진정으로 사랑하지도 고백하지도 못한 덤덤한 그곳

아파트와 빌딩으로 둘러쳐진 견고한 도심 속에
깔끔한 외벽 차가운 모습으로
한 뼘만한 정원에 외롭게 성모님이 서서 지키는 곳

숨막히고 간절할 때
어디 인가는 내 몸 숨기고
울고도 싶고 멍하니 나를 풀어놓고 싶을 때

걸어서 십 분이면 문을 밀고 들어설 수 있는 곳
어둡고 희미한 귀퉁이 자리 하나 내어주는 긴 의자

시멘트 담벼락에 악착같이 피는 붉은 줄 장미
살아가는 시간들에 푹푹 내리꽂는 가시들
첫 새벽이든 한밤중이든 문을 밀고 들어가
장미 한 송이 품을 수 있는 구석 자리

최혜순

숙명여대 국문과 졸업
'시대문학'으로 등단(1996)
시집 〈꽃비늘 날던 날의 기억〉 〈어느 가슴인들 시리지 않으랴〉
'시대시' 동인
choi5661181@naver.com

고향 타령

내가 고향 타령을 하는 건
순전히
속이 편치 않기 때문이다.

위 더부룩할 때는
오색약수가,
가슴 답답할 때는
해 밀어 올리는 의상대 새벽 바다가,
입이 텁텁할 때는
달큰한 조청 덩어리 친구가
확실히
효험이 있기 때문이다.

내가 고향 고향 하는 건
고향 타령만 해도
속이 편해지기 때문이다.

어차피

1
설밑 양양 오일장
파장 다 된 시간

행색 남루한 한 남자가
튀김 난전을 어슬렁 어슬렁
사라졌다 다시 나타나기를 반복한다

2
통닭 두어 마리 실하게 담긴
까만 비니루 봉다리
그 남루의 손으로 말없이 건너간다

눈빛은 벌써
뼈까지 다 먹어치웠는데도
손은 아직
힘찬 사래질이다

3
"버려야 해 어차피, 오늘 못 팔면"

처음 알았다
'어차피'가 이리도 따뜻한 말인지

한상호

'문학세계'(2016), '시와시학'(2017) 등단
시집 〈아버지 발톱을 깎으며〉 〈단풍 물들 나이에야 알았다〉
〈꽃이 길을 놓았을까〉 〈젖은 노래를 부르셨다〉 등
서울시인협회 부회장, 양양문인협회 회장, 제3회 아시아시인상 수상
전 현대엘리베이터 대표이사, martin7han@naver.com

06

충청북도

보은 5일장

이른 아침 어암리 아낙들
면사무소 앞에서 옹기종기 모였다
첫 버스 타고 읍내로 출발이다

보은 5일장
일렬로 늘어선 노점에서
아이들과 시어머니 털신 몇 켤레와
찬거리 대충 챙겨 넣고는
미리 약속이나 한 듯
시장통 미장원으로 몰려든다
거울에 비친 거뭇한 눈주름
손때 묻은 낡은 집기들과 어울리니
세월에 처진 어깨조차
고향 친정집 찾은 듯 편하다
육십 줄 새치 멋지게 틀어 올린 원장
곰삭은 솜씨에 머리 맡긴 채
아낙들은 TV 막장드라마 속으로 빠져든다
여심 흔드는 스토리에 울고 웃다가
어느새 해질녘이 되면
파마머리는 빵빵하게 일어서 있다

자 이제부터는 막차로 이동
다음 오일장 기약하며
갖가지 수다로 힘을 보태는 시간이다
어암리까지 지루할 새 없다

이야기 보따리

하루 두 번

버스가 서는 마을

노인들 네 분 모여 앉았다

뽀글뽀글한 흰머리들

차표 끊을 생각일랑 아예 잊은 듯

이야기 보따리만 주섬주섬 풀어 놓는다

오랫동안 몸에 고인 게 많았는지

알사탕처럼 녹여내는 스토리

구수한 숭늉 맛이다

누가 억지로라도 웃어주면 좋으련만

묵묵부답

노인들의 수다만 차곡차곡 쌓이고

지나던 바람이 가끔 버드나무 가지 흔들어

오래된 이야기 보따리 속의 순정 만화가

아직도 살아 있음을 확인시켜준다

김민자

'문학21' '에세이문학' 수필 등단(2010)
'월간시' 제14회 '추천시인상'으로 등단(2017)
시집 〈까치밥〉〈민들레의 절반은 바람이다〉〈왜 레몬이란 단어를 읽으면 침이 고일까〉
musanhang@hanmail.net

남한강에서

숱한 이야기보따리 품고
모르는 척 흐르는 남한강

장마철엔 무섭게 범람한 홍수로
사람도 배도 학생들의 통학도 멈춰야 했다

단양 장날이면 주민들로 만삭인 배
고추 마늘 내다 팔 봇짐들의 웅성거림
털북숭이 소장수 아저씨의 큰 눈은 고삐를 당겼고
홍수로 벌건 물이 뱃전을 넘실거릴 때는 입이 말랐지
겁에 질린 황소 강물에 뛰어들어 기암할 뻔했어

휘청거리는 배 뒤집힐까 마음 졸일 때
평소 말 많던 술고래 아저씨의
하얗게 질린 얼굴도 처음 봤어

낙심하며 큰 눈 굴리던 소장수
소가 수영선수인 줄 그때 알았지
거센 물줄기 타고 저만치 아래 강변으로
가쁜 숨 헐떡이며 걸어 나올 때 박수도 따라 건넜지

평일에는 밭일까지 하는 배를 한정없이 기다렸어
강에서 헤엄치며 시간을 먹어야 했지
주머니가 터지도록 잡은 골뱅이의 대답은
어머니의 웃음으로 환했지

남한강은 수양계 애곡리 주민의
숱한 애환을 품은 놀이터였고 발이였지

고향집

그리운 것은

늘 그 자리에 있으나

쉽사리 갈 수 없는 옛집

그 품에서 첫울음 울었고

철부지 시절 해맑은 웃음이

뒤란 대추나무에 걸려 있는

설렘이 묻힌 텃밭에서

잘금거리는 향수

집 앞 구절초로 피어나고

바지랑대 꼭대기에

시절을 집어보는 고추잠자리

사랑을 불러드릴 때

펄럭이는 이불호청에 놀라

파란 하늘 속을 빨갛게 비행하던

국화꽃 수놓은 창문에

밤이면 달빛이 기웃거리던

어머니 살냄새로 가득했던 옛집

박선영

계간 '문예운동'으로 등단(2012)
시집 〈기억으로 흐르는 강〉〈이런 날은〉〈어머니의 강〉
한영 대역시집 〈여섯 행성의 길〉(공저)
제31회 청하문학상 수상, 청하문학중앙회 부회장
syp436@hanmail.net

07

충청남도

토종 마늘

"아니, 안 매워요? 어떻게 생마늘을~"
"맛있어요! 우리 마늘은"
"아무래도 그렇지, 어떻게 통째로 그냥 먹어요"
"그래서 우린 이 마늘만 심어요, 맛있어서~!"
"자, 하나 먹어봐요"
"아~, 못 먹어요, 난, 속이 아려서~!"
"아니, 우리 마늘은 괜찮다니까요~!"
…
그러다 얼결에 먹어 보게 되었다, 토종 우리 마늘 맛을~!
훌쩍, 쉰 고개를 넘어서고서

수익성이나 작황을 보면 그리 좋진 않은데
그냥 심어요, 우린

정말 그랬다, 처음 한두 번 씹힐 때만 잠깐 아린 듯하다, 이내 입맛이 돌았다.

정말 맛났다, 몸과 맘 깊은 곳까지~!

너나 나나 앞만 보고, 그저
내달려온 도시화 문명 속, 아랑곳하지 않고 고집스레 지켜오던
순박한 우리네 농심을 만났다, 더불어
그들과 함께 살아낸

쪼매라도 움직이면

"어서, 오셔요~!"
"무얼 도와드릴까요…"
"예, 이 옷 좀 한 번 봐주세요, 어찌해야 될지…"
"며칠 전 모임에 나갔다 뭐가 묻었는데, 지질 않네요…"
"어느 부분인가요?", "글씨, 이게 뭘까요?"
"어디 한 번 봅시다, 비벼도 보고, 살짝 긁어보기도 하며 살피더니…, 이내 답을 준다~!, "네, 움직이네요, 지울 수 있겠네요~!"
"한 사나흘 시간을 주면 깨끗이 세탁해 놓겠습니다~!"
"정말요, 휴~, 다행이다~!", "맘에 드는 옷, 버리는가 걱정했는데…"
"그럼, 잘 좀 부탁드립니다~!"

눈에 띄는 간판은 없지만, 수시로 드나들며
삶의 그림자들을 이야기로 만들어 씻어내는, 수없이 반복되는
우리 동네 세탁소 할머니 권사님의
일일 시트콤 명대사,

"…쪼매라도 움직이면, 길은 보이는 거니까~!"

이미 세탁되었다, 웃음으로 건네는
구수한 이 한마디에

움츠러들고 구겨진 마음들, 모두

남민우

'월간시' 제15회 '추천시인상'으로 등단(2017)
공주시 한일고 교사로 재직
waterban@naver.com

성산 백제초도

들숨을 들이쉬던 지난 겨울 초입에서
이제는 날숨을 토해내는 봄의 길목
솔향기
솔솔 풀어 헤친
그윽함이 좋구나

이천 년 전 어느 날에 온조와 그 일행들
남으로 또 남으로 자리한 백제초도
그 숨결
여기 성산에
역사의 터 남겼네

산마루 우뚝 서서 동쪽을 바라보니
백제의 혼 위례는 하늘 향해 서 있네
그대여
그날의 함성
들리지는 않는가

*성산 : 천안 직산에 있는 176m의 산으로 정상에는 사산성이 있으며 백제의 초도로 비정되는 산
*위례 : 위례산으로 성산에서 동쪽에 조망되는 523m의 산으로 주변에는 부소산,
 부소문이고개 등 백제 초기의 지명들이 남아 있는 곳

엄마의 부지깽이

막내가 하교 길에 엉아를 꼬드긴다
밭에는 늦게 가고 물고기를 잡자고
한 시간 다짐했지만 망각한 두 형제들

중천에 떠 있던 해 산마루 걸터 있고
어스름 생각나는 엄마의 성난 얼굴
잽싸게 달려갔지만 부지깽이 춤추네

양동이 나뒹굴고 물고기 펄떡인데
아부지 은근슬쩍 고기를 거두시고
눈물에 씻긴 매운탕 울먹이며 먹는다

박 철

'한양문학'으로 등단(2021)
한양문학문인협회 회원
cpk3182@naver.com

남당 항의 만해 연서

남당 항은 왜,
당진 남쪽에 있는 항구라서 그랬던가
홍성의 제2경이다
백야 김좌진이 승리하신 청산리전투
그가 태어나서 성장한 곳,
충절의 매죽헌 성삼문도 태어났다
배로 십분 거리에 있는
억새가 아름다운 죽도에 가면
만해 시인도 만난다.
그가 토해낸 고해성사 새김질한다

"아, 님은 갔습니다.
다아 사랑하는 나의 님은 갔습니다.
푸른 산빛을 깨치고
단풍나무 숲을 향하여 난
작은 길을 걸어서 차마 떨치고 갔습니다.
나는 향기로운 님의 말소리에
귀 먹고 꽃다운 님의 얼굴에 눈멀었습니다."

한류 무정

한글로 글을 쓰는 글을 쓰는 한국인들
그 옛날 한자 쓰던 민족이 있었건만
지금은 어느 누가 한자 쓰는지
지금은 누구인들 한글 쓰는데
온누리엔 국력 펼치고
코리아 대한민국 세계로 뻗어가네

한복을 입고 사는 입고 사는 우리 민족
그 옛날 단군왕검 고조선 세웠건만
지금은 우리 모두 잊고 살지만
그래도 우리 모두 축복 받은데
온누리엔 한류 흐르고
코리아 대한민국 세계로 뻗어가네

손수여

문학박사 시집 〈느낌, 벽을 허물다〉로 문단 데뷔(1997)
'시세계' '한국시학'으로 시 등단, '월간문학' 평론 등단
시집 〈성스러운 해탈〉〈숨결, 그 자취를 찾아서〉 등
도동시비문학상, P.E.N 문학상 등 수상, 현 한국현대시인협회 부이사장
sooyou2770@hanmail.net

소풍

여기는 고향 없는 사람들이 찾아드는
안개의 마을 계룡

부려놓은 짐 적으니 마무리도 어렵지는 않겠지만
들고 온 가방 너무 적었나 먹을 것이 없다

두 번 말해야 듣는 아이들처럼 종일 노는
농소천의 조무래기 갈색 물오리 떼
주둥이부터 몸뚱이 반을 물속에 처박고
빨간 맨다리 들어 올리는 아크로바틱 솜씨가
환장하게 일품이다
한 주먹거리도 안 되는 목숨
저러다 잘하면 숨 막히고 말지

아픈 여인의 미소 같은 낮달
오래 보고 있어도 떠오르는 얼굴이 없다
이제 되었다

창밖은 한 폭의 그림이고
나는 점점 까칠해지고
친구도 없고
꿈도 희망도 다 언제 적 얘기인지
더 쓸쓸하고 끝까지 쓸쓸해져서 미쳐 버려서
미친 북이 되어 사무치게 발작적으로 서러워지면?

그땐 그때 가서 생각하기로

헤어진 애인아 너는 너를 잘 안다면서
여든여덟에 갈 거라고 했지
좋다 어디 한번 해 보자
나는 너 가는 거 보고 여든아홉에 간다
그때까지 다시
산뜻하게 명랑하게 북치는 단미

흔들어다오

건너편 아파트의 펄럭이는 태극기

이사 온 날부터 걸려 있다

파랑 빨강 반반으로 더 흔들리는 날엔

나도 따라 지치지 않을 만큼 흔들리다가

불현듯 경례라도 한바탕 올려 부치고 싶은 날엔

뜻 모를 애국심에 웃음이 큭

국가를 위해 무엇을 하였는가

외출하여 처음 보는 이에게

아자아자 화이팅이라도 한 방 날려주면

미쳤네 할 것이고

쓸 마당도 없고

나라를 위해 빌 염치도 없으니

태극기여 바라건데 힘차게 흔들어다오

심장이 터지도록

송영숙

'시문학'으로 등단(1993)
시집 〈할미꽃과 중절모〉 〈벙어리매미〉 〈하마터면 사랑할 뻔했다〉 등
호서문학상. 올해의 시인상(월간시)
songjh4056@hanmail.net

따뜻함에 대하여

문고리가 세수하고 난 손을 쩍 붙들고
놓아주지 않는 날 이른 아침
형의 친구 온규네 큰밭머리* 고춧대가
간밤 된서리에 흰 산호초 꽃 천지다

산자락 밭을 끼고 돌아들면
큰아버지댁, 동창생 찬희 집, 셩어머니* 댁 있는
오얏말 들머리쯤엔 훈훈한 기운이
병아리 파고든 어미닭 품 속 같다

아침 짓는 연기가 구수하니 맛나고
농투성이 생애야 별거 있나
햇살에 그을린 순박한 얼굴들이지만
마을마다 어귀까지 따슨 바람 보내주는 마음

아무라도 때 없이 지나다 물 달라하고
난데없는 빗줄기에 툇마루 걸터앉아 옷 말리면
둥근 두렛상에 한 그릇 밥을 더 얹는다
거긴 그런 사람들이 살고 있으니

지금은 콘크리트 건물 모퉁이마다
겨울 센 바람이 더 차게 몸을 쓸고
어느 방송에선가 '한끼줍쇼' 외치며
옛날을 재연하지만 개갈 안 난다

생각해 보느니
푸른 보리 춥지 않게 이불 같은 서설 瑞雪을 기다리며
골골 지나던 어느 겨울날의 등굣길
온몸에 새기던 그 따뜻함에 대하여

*큰밭머리 : 지명. 밭 이름.
*셩어머니 : 신의(信倚)로 다른 어머니를 섬기면 장수한다고 해서 모자母子의 인연을 맺는 것을 두고 고향인 백금리에서 쓰던 말

아름다운 유산

도깨비들의 귀신 씻나락 까먹는 소리같이
하얀 눈들이 밤새도록 지붕 위에
궁둥이 걸치는 소리.

아침이면, 배고파 여물 재촉하는
암소 울음소리가 문풍지 흔들고
문 열자 희디희게 넓어진 세상.

고무신 신은 발목이
눈 속 깊이 잠겨 드는 시린 등굣길.
누가 낸 발자국인지 골라 디뎠다.

이웃집 아저씨였을까.
부지런한 아버지가
학교까지 벌써 다녀왔을까.

한 발 한 발 일부러 종종걸음
가까이 찍힌 발자국
아이들이 따라 걷기 참 좋았다.

산골짜기 마을이 내게 물려준
가슴에 화석으로 박힌
크고 하얀 겨울 발자국.

내가 다시 세상에 남길 것은
이슬 길 털어 추적거려도 나를 적시는 마음.
눈길 내가 먼저 걷는 아름다운 유산.

조선달

경희대 국문과 졸업
'월간시' 제4회 '윤동주 신인상'으로 등단(2022)
galmemot@naver.com

나를 서글프게 하는 곳

고향은 고요가 숨 쉬는 골짜기…
인걸이 지나는 길목에서 마음속에만 존재하던
향수가 고갈되어가는
사막화가 진행 중인 텅 비어버린 곳

노구가 된 부모님들만 남겨진
자식 · 며느리들
모두 도시로 올라 가버린 스산한 그곳
충견悲犬만 남겨져 짖어대는 곳

삶의 흔적만 바람결에 흘러간 유행가 가사처럼
몽환적인 흔들림만 가슴을 파고드는 시골 밤
어미 젖무덤을 파고드는 새끼강아지 울음은
차라리 포근한 고향이 여기였노라고 대신 이야기 해주는
마지막 삶의 온기가 살아남아 있는 그런 곳

보이는 것조차도 삭막해가는
영혼의 혼불만 이리저리 배회하는 곳
그곳이
고향이라는 현실이 나를 서글프게 한다.

찬샘 골

오천항 포구에서 한참 지나
골 깊은 동네
긴 긴 밤 호롱불 빛 가까운 듯 멀고

건너 마을 분뎅 댁 고래고래 싸움 소리
끊길 듯 이어지고
할배 사랑채 화롯불에 담뱃대 두드리는 소리
묵언으로 호통치시던 회색빛 겨울 소리

함박눈 소리 없이 소복소복 쌓이던 밤
창틈 담장 넘어
그리운 발자국 소리 귀 기울이고
새색시 귓불 붉어지는 야심한 밤 신음 소리

먼 옛날 동화책에나 나올 듯한
애기 울음소리 그리운 여운 어디 가고
사별한 과부, 홀아비만 남겨진 골 깊은 동네
찬샘 골

조장한

'월간시' 제8회 '추천시인상'으로 등단(2016)
시집 〈가끔은 가늘게〉
전 월간시문학회장
건설기계설비업
dpjjh11@naver.com

수제비

산꼭대기 우리 집 마당에
채송화랑 봉선화랑 노랑 창포꽃보다
더 곱고 예쁘신 할머니 동무들이 있었다

커다란 은행나무가 그늘을 주면
평상 위에 밥상을 펼쳐놓고
옆집 현순이 할머니랑 윗집 방원이 할머니 우리 집 꼬마 할머니는
조물조물 수제비 한 대접으로 한낮 허기를 달래셨었다

현순이 할머니는
턱수염 긴 남편 할아버지 봉양에
오막살이 부뚜막 떠날 날 없고
방원이 할머니는 긴 세월 혼자라
마디 굵은 손에 금가락지 두 개가 홀가분히 반짝인다
우리 집 꼬마 할머니

몸집도 작고 기침도 하시는데
밤새워 엮은 모시 삼베 내다 팔 생각에 마음이 분주하지만
동무들과 함께 먹는 수제비에 신이 나
호박 한 덩이 아낌없이 썰어 넣고 끓여 내셨었다

다섯 걸음 마주한 세 집 동무는
무정하고 긴 세월 함께 보내고
덧없는 세월 붙잡으려고
수제비 대접에 온 마음 담아 두고
세상 어느 꽃보다 더 예쁜 꽃으로
먼저 가는 동무 상여 가마 만들어
이제 가면 언제 오나
나를 두고 가시는가
노래하신다

오백 원

오백 원
손에 쥐고
아랫동네 찬희네 가게로
달음박질하다가
철퍼덕
으앙-

동네가 떠나가라
눈물 콧물 범벅되니
동구 아저씨랑 재택이 아저씨가
왜 우냐-

오백 원 빠뜨렸어요-
우리 삼촌이 준 건데-

관희가 왔구나-
기다려 봐라-

찬희네 가겟집

삽이랑 쇠스랑이랑 들고
아저씨 둘이서 도랑물 퍼내니
찬희네 아주머니 옆으로 다가와
이 짝 이로 혀 봐-
철컥 찾았다!

도랑물 똥물 닦지도 않은 채
아주머니 손에 오백 원 쥐여주고
새우깡 두 개 쭈쭈바 두 개
다시 집으로 뛰어가니
동구 아저씨 나에게

뛰지 말아라 또 넘어진다-

한나나

충남 서천 장항 출생, 서영대학교 사회복지행정학과 졸업
'월간시인' 제1회 신인상으로 등단(2023)
현재 (주)더프랜즈언어심리발달센터 아동청소년 상담사
대영고주파 총무관리팀장
tjdwnehd7705@naver.com

엄마의 감로암 甘露庵*

　엄마는 힘들 때마다, 화딱지 날 때마다, 식구 누가 아플 때마다, 쌀 한 말을 머리에 이었다 눈물 땀 쏟아지고 북풍한설 몰아치는 시오리 감로암 가는 길은 마음 다스리는 치심도 治心道였다

　길은 다니면 생기고 발 끊으면 없어지게 마련이었다
　엄마의 치심도는 막혔고, 감로암은 흔적도 없이 사라졌고, 없는 살림 아끼고 쪼개 막내를 위해 시주한 지장보살탱화는 열반했다
　은행나무만 외롭게 그때 그 사람 그리워하다 가지마저 부러졌고, 법당에 비손 드리던 약수터는 무너진 채 물만 퐁퐁 솟고, 허리 잘린 밤나무 밑동에선 상황버섯만 무럭무럭 자랐다
　주인 잃은 머위는 나와 상관없다는 듯 살판났다며 흐드러지고, 없던 소나무가 새로 자리 차고앉아 내 땅이라 호령하는 것이었다

　곰곰이 생각하면 따질 일도 아니었다
　엄마가 하늘소풍 떠난 뒤 딱 한 번 찾았을 때
　엄마와 같은 나이의 보살이 겨우 운신하며 감로암의 앞날을 걱정했던 말을 흘려들었다

　인동초와 쥐똥나무와 드릅과 보리수는 찾는 이 없어도 저절로 폈다 발갛게 익고
　박새와 뻐꾸기와 까치와 휘파람새는 모처럼 사람 왔다고 잔칫상 차리느라 분주했다

　*감로암 : 충남 아산시 탕정면 호산리에 있던 조그만 암자

소갈미고개*

　네 살 꼬맹이가 보였다
널찍하게 자동차 오가는 포도鋪道 속에서
　아부지가 힘껏 페달 밟는 자전거 뒤에 앉아
　내리막을 내달리자 엉덩이 꼬옥 잡는 모습이
　흑백영화 한 토막처럼 기억의 망막을 뚫었다

　엄마 뒷모습도 나타났다
대나무 광주리에 열무 단 수북이 이고
빗물처럼 쏟아지는 땀을 연신 닦으며
천안 장 이십 리 길, 보릿고개를 넘던
가팔랐던 삶이 이슬에 아슴아슴하게 걸렸다

　뫼골에서 방개울을 거쳐 한들을 지나
천안역에 가려면 칭얼거림으로 넘어야 했던
　목마르고 배고프기만 했던 소갈미고개는
　소아마비 바이러스를 운 좋게 이겨낸
　꼬맹이의 어린 시절과 함께 사라졌을까

　방개울은 차암車岩동으로
넓은 벌, 한들은 백석白石동으로
　소도 쉼 먹으며 쉬어갔다는 소갈미고개는
　이름조차 잃고, 3만 달러 조국을 일구는
　공단으로 바쁜 수레바퀴를 돌리고 있었다

*소갈미고개 : 충남 아산시 음봉면 산동리 3구, 뫼골에서 천안역에 가려면 반드시 넘어야 했던 큰 고개. 지금은 천안공단이 들어와 있어 고개다운 느낌도 없이 아스라한 흔적만 남기고 있다. 네 살 때 소아마비 바이러스에 걸려 천안 명제약국에 가서 침맞고 한약 먹고 나았다는 얘기를 듣고 자랐지만, 오로지 아부지 자전거 뒤에 타고 소갈미고개 넘어 비탈길을 내려가던 기억 한 토막만 남아 있다.

홍찬선

'시세계'로 시, '한국시조문학'으로 시조 등단(2016)
시집 〈가는 곳마다 예술이요 보는 것마다 역사이다〉 〈아름다운 이 나라의 역사를 만든 여인들〉 〈서울특별시〉 1, 2, 3 등
자유민주시인상 수상(2021)
월간시인 편집인, hcs0063@hanmail.net

08

세종시

무대섬

맨발의 청춘 예수가 사뿐히 물 위를 걸을 때부터
비가 오나 눈이 오나 밤이나 낮이나 내가 주인공이 되는
꿈꾸는 무대 하나 갖고 싶었는데 물 위를 떠도는 섬인 양
무대가 보인다

누구든지 와서 주인공이 되라고 손짓한다
말도 많고 탈고 많은 세상살이
간밤에도 잠 못 드는 뜬 눈이었다
맘껏 쏟아내고 몸부림치고 울부짖으란다

울고 싶은 것 다 울고
웃고 싶은 것 다 웃고
참아서 뒤틀린 속 후련할 때까지
죄다 토해버리란다

짧은 인생 자칫 이루지 못할 꿈
억울하다, 노래하고 춤추자
밤새도록 무대 위
주인공이 되자

호수가 그린 수채화

맑고 투명한 거울에 제 모습 살피며
심신을 날마다 단장하는 호수

새롭게 변화하는 도시 풍경이
속을 태운다

무더운 여름 자신의 몸
한바탕 분수로 치솟아

물구나무 서서 거꾸로 그리는
시원한 폭포수 그림을 그렸다

김석호

'한국교단문학'으로 등단(1999)
한솔문학 추천작가, 영랑문학상 대상 수상
현재 센텀뷰하늘도서관장
2005shk@daum.net

조치원 순대국밥집

마늘 장사할 때는 먹고 싶어도
비싸서 언감생심이었다네요
아는 집이 진짜라고
시장 골목 순대 국밥집을 찾아 찾아듭니다

"아들도 딸도 다 데리고 왔으니
순대는 넉넉히 줘야 혀"
주인의 대답은 늘 풍성합니다
"아줌니 걱정 마셔요 잘 줘쓔"

엄마 단골집은
아들 단골집으로 대를 잇고
고향 집 들마루같이 엄마 손이 바쁘셨지요

엄마랑 배부르면 그곳이 고향이지
제비 새끼처럼 벌어진 입마다
웃음도 순대도 가득해
검은 순대에 하얀 막걸리 건배하던
조치원 순대 국밥집 안녕하신지

하프 소리 들리는 듯

가자 친구야
푸른 기와집 아이가
숭모각* 계단을 천천히 오른다
새끼 우렁이 그네 타는 오후
하얀 옷자락 펄럭이는 황새 한 마리

장다리꽃 피고
아지랑이 간지럼에 냉이꽃 피고
짙푸른 벼 이삭 비비는 여름 소리
하프 소리처럼 평화롭다

가자 동무야
달빛 메고 강변으로
별빛이 가득해 천천히 걷는다
노래 부르던 연수의 입술 위에
뽀얀 살구 빛 미소까지 추억에 웃고

기러기 떼 날고
자락의 고운 바람이 거리로 불어와
노오란 은행잎 쌓이는 가을 소리
하프 소리처럼 평화롭다

*숭모각 : 세종시 전월산 아래 세워진
임난수 장군 등 위패를 모신 곳으로, 부안
임가의 정신적 지주 역할을 하며 마당에
천연기념물인 은행나무 암수가 서 있다.

임하초

'월간시' 제9회 '추천시인상'으로 등단(2016)
시집 〈영혼까지 따뜻한 하늘 우러러보다〉 〈나는 시소를 타고 있다〉
'월간시' 제정 '올해의 시인상 수상(2018)
현재 서울시인협회 시인문학회 회장
hacho3232@naver.com

09

전라북도

콩나물국밥

콩나물국밥 하면 전주가 유명한데
그중에서도 한옥마을 곁에 있는
365일 쉼 없는 왱이집이지요

추석 명절, 설 명절 귀향하지 못하는
학생들 아무나 와서 밥 먹으라고
문 열어 놓고 오는 이 반기는 그 집

사장님 자리 지켜 주면 좋겠다는
종업원들의 투정 어디 그게 쉬운가
모두가 주인이 되어 운영되는 그 집

시인의 넉넉한 맘으로 날마다 날마다
오래오래 끓여 주세요
전주 왱이콩나물국밥 사랑합니다

반창회

사전 속 그리움을 만나기 위해
돋보기를 찾습니다
"보고 싶어 애타는 마음"

전주천을 함께 흐르던 물
오대양으로 흐르듯, 저마다
타향으로 멀리멀리

앨범 속 까까머리의 얼굴들
보고픔에 지쳐 누렇게 들떠
커다란 눈동자만 보입니다

그 시절을 찾아 더듬더듬 보듬는
50년 전 까만 교복을 입고
중학생이 되는 날, 3학년 1반

기성서

'월간시' 제3회 '추천시인상'으로 등단(2015)
시집 〈후박나무 아래에서〉 〈붉은머리오목눈이 되어〉
kiss4008@hanmail.net

섬바끄* 아이들

형이네 담벼락 위로
길게 하늘을 올려다보며
백구 한 마리 울음소리 들린다

코흘리개 동네 아이들
빈 도시락 딸각거리고
책보 허리에 맨 채
담장에 등 기대어
쐐기 박기 놀이를 한다

나풀대는 주름치마 끝을 잡고
상고머리 광조가
금강산 찾아가자 일만이천봉 노래 부르며
폴짝폴짝 고무줄놀이에 신이 난 그때

언뜻하면 고무줄 뚝 잘라놓고
달아나는 훼방꾼은
히뜩히뜩 마른버짐 병연이

해는 뉘엿뉘엿
양철 처마 밑에 주렁주렁
메주덩어리 사이로
붉은 해가 똬리를 치는 오후 다섯 시

세 살배기 말문 터지듯
매화 가지에 새순이 한마디씩 돋아났다

이월 그믐날 해는
갯벌 위를 떠돌다
밀려오는 변산 바닷물 속으로
달아나 버렸다

*섬바끄 : 섬밖의. 전북 지방 사투리

고사포에 가면

이 꽃
자생지가 어딘지 알아?

쉿
귀 좀 가까이 대바
부안이야

꽃 이름 모르지?

음…
붉노랑상사화!

가바
기다리고 있다던데
빤낭
글구
내가 가르쳐준 거 비밀이야
부끄럽자나

참, 가거든
꽃은 절대 꺾지 마

왜냐고?

아프자너

김종숙

전북 부안 출생
'월간시' 제3회 '윤동주신인상'으로 등단(2022)
macra55@naver.com

강천 剛泉

삼인비 혼령인 양
검은 물잠자리 세 마리
순창 강천산 계곡
절의탑 기개 엮어 물 흐르는
유월의 맑은 하늘
따가운 햇빛이 내리 쬐면
아기 단풍 푸른 잎들은
길 위에 새 발자국 그늘 짓는데

그늘진 마음 계곡물로 맑히는 길
사람사람 맨발 수행하며 길을 묻는다

계곡 따라 올라 강천사
범종 소리 설법을 하면
바위들은 손을 모아 하늘을 빈다

하늘이 진리 내려 산을 적시면
굳센 바위들은
물을 내어 강천

바위 그늘 아래 푸른 이끼 샘물 공양 받고
숲 속 곰취는 댕그랑 댕그랑 풍경 소리
강천은 경을 염불하며 흘러 세속을 씻는다

섬진강의 오월

섬진강 장군목에 오월이 오면
뻐꾹새는
그 질긴 뻐꾹새는 울음 태우고

찔레꽃 강물 따라 흘러
하얀 강물 지면
찔레꽃 진한 향이 강을 뒤집어 놓는다

순창 동계 장군목의 요강바위 두꺼비 바위
미쳐 들썩거리면
전설은 물 위에 떠

이야기 하얗게 부서져 흐르면
강은 물안개 피워 올려
고요히 잠재우지만

용이 하늘 오르는 용궐산의 새들
그 새를 못 참아
골짜기 골짜기 울어 대는데

긴 징검다리 위
몇 사람 폴짝폴짝 시를 건너 강이 된다

류성후

'월간시' 제32회 '추천시인상' 등단(2022)
시집 〈아내의 변신〉
현재 진주교대 명예교수
sgryu1216@naver.com

청춘을 되찾는 기분

빗물에도 씻겨가지 않는 세월이
기에
비우고 싶어도 비울 수가 없다
오늘 모처럼 화창한 날씨임에도
햇살이 너무 따갑다 나비 한 마
리도 없다

거마공원* 그늘 밑에는 편안한
맘으로
두 다리 쭉 뻗고 졸고 있는 늙은
남자들이
바람 한 점 없는 한낮에도 여럿
이 모여
침묵의 시간 속에서 세월을 까먹
고 있다

지난 세월을 살아온 진솔한 얘
기들
순번도 없이 터져 나오던 무수
한 소리들
이제는 늙어서 기력이 떨어진다
는 말
거짓말이라며 지천에 깔린 풀들이 일
어선다

할 일도 없으면서 모여들고 쉬는 시
간들
서로 얼굴보고 서로 웃는 그 순간들이
시름 걱정 잊게 하는 작은 행복인 것을
겪어보지 못한 사람은 말할 자격이
없다

노인시대가 열렸다 세월이 열어 놓았다
젊은이들에게 부담스럽지 않도록
사는 날까지 청춘을 되찾는 기분으로
매일같이 누릴 길 소박하게 사는 길
이다

*거마공원 : 전주시 삼천동에 있는 공원

강수 하우스*

'세상에 이런 일이'
어르신 부부가 만든
아름다운 휴식 공간
관리하기 벅차 보이는
마음 편안한 힐링의 공간
사랑도 정도 꽉 차 있는
둘러보고 쉬어가는 것도
과자랑 커피랑 음료도
친절한 주인장 미소도 공짜

수족관, 비단잉어, 연못이 있고
철쭉 화분이 가득한 곳
신나게 노래 부를 노래방까지
마음 편하게 쉬어 가라고
혼자라도 단체라도 환영하며
언제라도 반겨 맞아 주는 곳
대문조차 없는 그 집
연중 개방하는 그 집
철쭉꽃 필 무렵이 아름다운 집

가진 것 세상에 나누면서
노후의 생을 멋지게 사는
부부의 이야기가 호흡 하는 곳
노부부의 해맑은 미소가
활짝 피어 아름다운 집에서
숨겨진 행복을 찾아보시라

*강수하우스 : 전주 전미월평 1길25-1에 있으며
TV방송 등에 소개된 곳

신남춘

'한비문학' 신인상으로 등단(2011)
'월간시' 제5회 '추천시인상'으로 재등단(2016)
시집 〈풀꽃 향기〉 〈비오는 날의 초상〉 등
한비문학상, 대한민국 예술대상, 부안예술상, 부안문학상 등 수상
sncone@hanmail.net

해빙, 그대를 기억하는 시간

일요일에 시계탑을 보다가 문득 생각났어

하루 다섯 개만 빚는 맘모스빵!
한 시간을 빵집 앞에 멈춰 서 있노라니
줄은 거대한 코끼리 되어 자꾸만 움직여

살 사람은 정해져도 3시에야 나오는 것을
누군가를 위해 접은 시간을 기다리며
불현듯 그날의 기억, 나의 산마루 고향집

어두운 골짜기를 고독하게 달려온 사나이
찬 바람 펄럭이는 외투 속주머니에는
달을 녹여 별빛 가루 뿌린 크림빵이 두 개
보드레 달큰하게 온 가족을 위로해 주는 밤

빙하기에 갇혀 사라진 맘모스의 전설이
봄 햇살 아지랑이처럼 다시 꿈틀이고
노곤하게 따듯했던 막둥이는 네 아이의
어미로 동그랗게 피어나고 있다네

노스탤지어

두 눈을 감은 너에게
양손을 모은 나에게

싱그러운 유년의 봄은 흘러흘러 내리네

끝내 말하지 못한 식어버린 열망이여
그대에게 초록의 숨 불어 넣으리라

차창에 또로롱 빗방울 소리
어제의 한숨을 우리고

우리의 오래된 기도는
내일의 간절함 보태어

찬란히 쏟아지는 오월의 눈망울에
철없이 짓고 있는 미친 그리움일레라

유이정

'김소월 신인문학상' 수상(2022)
momoyat@naver.com

구시렁구시렁

빨랫줄에 빗방울 걸린다
바지랑대에 까치가 걸렸다
들마루 위로 뛰어다니는 강아지
고양이 방울에 차인다
홰치는 수탉 당상관 벼슬 받아
거느린 암탉 궁둥이에 오르고
향나무가지에 걸린 두레박줄
날뛰는 송아지 뒷발 낚아챈다
아궁이 앞에 앉은 아버지
솥뚜껑 뒤집는 어머니
참깻단 타는 연기에 뱉는 기침
그을음 낀 서까래에 부딪힌다
낙숫물 구멍마다 고이는 군침
사립문 넘어트려 고샅길 달리고
자치기에 흙물 젖은 바짓가랑이
문턱 넘다 말고 넘어진다
비 온다
초가지붕 위에 양철지붕에도
봄비 내린다
제비집 쳐다보는 할머니
누구를 나무라는지
구시렁구시렁하며 혀를 찬다

넓다, 크다

스무 동이 물항아리
두말 밥 가마솥에 담긴 들
무명베 행주치마
콩밭 열두 고랑 앉은자리
호롱불 바느질 그림자

정안수에 담긴 나의 길
지평선 어머니

잿간 오줌 구멍
노을 물들어 지게 위에 얹힌 산
독새풀 뜯은 쟁깃밥
미농지에 말린 담배
새벽 깨우는 헛기침

내 이마에 얹힌 뜨거운 손
모악산 아버지

이오장

'믿음의 문학'으로 등단(2001)
시집 〈왕릉〉〈고라실의 안과 밖〉〈천관녀의 달〉〈99인의 자화상〉
동시집 〈서쪽에서 해뜬 날〉〈하얀 꽃바람〉
전영택문학상, 시문학상 등 수상
khj4832@hanmail.net

커피와 똥장군

황새목 낫으로 고구마 한 소쿠리를 밤참으로 깎아 먹고도 숭늉 한 투가리를 벌컥벌컥 들이키고 트림하는 먹보, 문수 아저씨.

과수원 거름용으로 소달구지를 끌고 시내 이 골목 저 골목을 쏘다니다가 한복 꼬랑지를 착 감아쥔 여시 같은 다방 마담에게 홀려서

커피 한잔 꼬임에 넘어가 똥장군 가득가득 채워놓고 다방 뒤 뒷마루에 걸쳐 앉아 커피를 맛보았다.

"내 좆도 커피 맛 좋다는 놈은 정신 넋 돌아 빠진 천하에 미친 개 아들놈인 줄로 내가 아는구만, 아 글씨 도토리 깍쟁이만 헌 종그래기에다가 삐아리 눈물 맨큼 반 그릇만 갖고 와서 커피라고 주드랑게.

홀랑 마셔본께나 지미럴 것 쓰기만 소태같이 쓰디쓰고 맛대가리는 개뿔도 없드랑께. 앞으로 어떤 년이든지 커피 준다고 함시롱 똥 퍼 달라고 혀 봐라. 죽어도 안 퍼 줄랑 게 씨부럴 년 막걸리나 한 사발 앵겨 주었으면 배때기 든든혀서 시장기 면허고 추위나 가셨을 것 아닌개벼, 에이 불여시 같은 년 땜시 오늘은 헛지랄만 혔고만."

그날까지
커피 맛이 그토록 쓴 것인지
어떤지 아는 사람
우리 마을엔 아무도 없었네.

하느님 한 방울만

　지금은 이앙기로 하지만 얼마 전까지만 해도 고양이 손이라도 빌려 쓴다는 모내기 철
　방죽 재미 박 이장네 모를 심다가 물자새 길어 올리던 먹어 죽이 칠성이가 안 보이더니
　엊그제 살가지가 새끼 친 호밀밭에 쪼그리고 앉아
　아이고 하느님
　그저 똥 한 방울만 똥 한 방울만
　애원을 하드라누만.

　갈치토막에 하지감자 조린 점심 못밥을
　배부르게 먹은 일꾼들이
　한식 경도 못 되어 나온 새참 거리를
　큰 함지박에 다 비벼서

　워낙 식탐이 많아 마을 품앗이도 안 끼워주는
　먹보를 굶겨 줄 심산으로
　두어 술씩 뜨다 말고 함지박 채 밀어주었다.

　사타구니에 착 감아 안고서는
　아금박스럽게 다 비우더니
　똥 한 방울 못 누어보고
　병원에 실려 갔다.

　허리춤에 숟가락 꽂고 모내기 나온
　동네 사람 서로가 자네 탓이라 했다누만.

조기호

전북 전주 출생. 전북대 국문학과
계간 '우리문학'으로 등단(1989)
시집 〈저 꽃잎에 흐르는 바람아〉〈고조선의 달〉 외 다수
동시집 〈아그배나무 꽃잎은 흩날리고〉〈오월은 푸르구나〉
표현문학상, 전북예술상, 후광문학상, 전주문학상, 한국문학백년상 등 수상
jkh23567@hanmail.net

10

전라남도

어떤 동네 이야기
―해남 옥매 광산을 다녀와서

그 바다는 알고 있었을까

한반도 남쪽 끝자락
굳게 입을 닫은 마을이 하나 있다

해무 무성한 어느 날
일제가 마을 장정들을 옥매산으로 끌고 가
바위를 깨고 굴을 뚫는 일을 시켰다

그것도 모자라 산마다
쇠못도 깊숙이 박았다

제주도에 해안포를 설치한다고
또다시 옥매산 광부들을 데려가
강제 노동을 시켰다

광복이 되어 고향으로 돌아오는 길
배가 불타서 바다로 뛰어들 수밖에 없었고
지나가던 일본 군함은 구조를 하다
구조된 일본인이 다 조선 사람이라 하니
그냥 버려두고 가 버렸단다

그런 연유로 남쪽 바다는
언제나 시퍼렇게 멍들어 있었구나

무심한 갈매기도 돌아오는데

비가 내리는
백열여덟 분 희생 광부 추모비 앞에서
소중한 이름 하나하나
불러 봅니다

완도항은 잠들지 않는다

완도항 밤거리 위로
그리운 얼굴 하나 떠 있다
별빛들은 밤바다를 거닐고
가로등 불빛 사이로 어둠이 숨어든다

수많은 이별과 만남을 지켜보았던
여객선 터미널에 고요가 흐른다
비릿한 내음이 잠시 잠깐
스쳐 지나간다

답답한 마음에
작은 배 엔진 소리
높혀 보지만

네가 없는 이 밤
완도항은 잠들지 못하고
지울 수 없는 기억처럼
등댓불만 깜빡거리고 있다

김리한

중국 지린대학 법학박사
'제3의 문학'으로 등단(2001)
시집 〈그리워할 사랑 하나〉, '토지문학제' 하동소재작품상 수상
동화별 문학예술회 회장, 한국문인협회 문협70년사 편찬위원
leehankan@daum.net

느티나무

젊은 날의 살결, 홍안의 뺨,
그 푸르름을 떠나보내고 잎새마다 무성한 추억을 매달고
묵묵히 서 있는 느티나무.

어느 날 문득 느티나무 밑에서 나는 생각했다.

나는 왜 우두커니 서 있는 나무일까?
자꾸만 구부러진 나무일까?
제목 없는 이야기만 키우며 나는 왜
집착의 잎사귀만 펄럭이고 있을까?

곱씹어본 삶, 회한의 짧은 세월,
곰곰이 나는 작은 이파리 같은 삶을 생각했다.
가녀린 잎새,
다수운 햇빛을 움켜잡고 아장걸음마로 태어났던
느티나무의 전설 속에서 나는 생명의 겸손을 배웠다.

아아, 느티나무 밑에서 걷어올린 작은 이파리의 추억.
나뭇잎 수효보다 더 많은 내 절망을 솎아내며
나는 우두커니 서 있는 내 모습과
자꾸만 구부러져 가는 까닭을 비로소 깨달았다.

걸어오고 있는 것은 죽음이 아니라 노래 되어 울리는
생명의 잎새소리.

우리 동네

신작로를 가로질러 들풀 무성한 논
두렁 밭두렁 사이를
지나면 어릴 적 미꾸라지 붕어 잡던
시냇물이 흐른다.

깔깔대며 첨벙첨벙 멱 감던 잊지 못
할 그 여름날의 추억,

동네를 접어 들면,
동암댁 칠산댁 임실댁이 살았던 골목
길에 구수한 된장국 끓는 냄새 맡으며
탱자나무 울타리 마당 넓은 집을 지
나치면 기다린 듯 진돗개 한 마리가
낯선
이를 바라보며 컹컹 짖었다.

담장 길 휘어 돌면 대숲에 파묻힌 파
란 대문집이 나타난다.
댓돌 위 검정 고무신이 정갈하게 놓인

그곳에 새 한 마리 홀로 지저귀고,
뒤 안의 푸르고 빽빽한 대나무 숲이 바
람소리에 서걱대며 피리소리를 냈다.

허물어진 흙 담 밑에 노랑 민들레가
유난히 샛노랗던 그 봄,
고속도로 나면서 어느새 옛스런 동네
는 사라졌다.

그리고
철제 울타리에 갇힌 300년 묵은 느티
나무가 무성한 추억을 펄럭이며
동구 밖 그 자리에 외롭게 서있다.

김선옥

한양대 신문학과, 중앙대 신문방송대학원 졸업
'심상' 신인상으로 등단(1987)
시집 〈오후 4시의 빗방울〉 〈모과나무에 손풍금 소리가 걸렸다〉 등
전 KBS라디오제작센터장, 경인방송대표이사
서울시인협회 부회장, sunok4606@naver.com

목포의 설움

서울 가면 목포 출신이라 하지 마라
깡패들이 판치는 곳에서 왔다고 싫어할라

험악한 얼굴에 쇠몽둥이 든 사람들 나타나면
가게 유리창 깨질까 급하게 철문 셔터 내려
하루 장사 허탕 치고 숨죽이듯 살았을 뿐인데

매월 임대료를 내야 하는 압박에
숨도 크게 못 쉰 가장의 슬픈 한숨 소리가
숨 막히는 적막과 함께 가족의 심장에 울려 퍼졌다

마땅한 일자리 없어 작은 점포 하나로
식구 먹여 살리겠다고
아침마다 삐걱거리는 몸 끌고 나와
삐걱거리는 철문 셔터 들어 올렸을 뿐인데

슬프고 억울한 자들은 숨도 마음대로 쉬지 못하는가
얻어맞았어도 때렸다고 강요받으며
숨죽이며 슬픔 감추고 살아야 하는가

미워도 내 고향

고향이란 말이다
내 고향 아니라고 속일 수 있는 게 아니다
고향을 속이면 내 근본을 속이는 것이다
아빠가 아무리 미워도 우리 아빠 아니라고 할 수 없듯
천대 받아도 나를 먹여 살린 곳이다

슬플 때 드넓은 바다로 품어주기도 하고
외로울 때 시끄러운 파도소리로 활기차게 하고
답답할 때 굳건한 바위산으로 목마 태워주고
복잡할 때 고향화가들의 손길로 쓰다듬어 주고
괴로울 때 반짝거리는 별 바라보며 행복해하던 곳

할머니가 고봉밥으로 전한 사랑이 그리워지는 곳
엄마의 도마소리에 아침잠을 깨우던 곳
고향 떠나는 버스터미널에서
꾹꾹 눌러쓴 아빠의 편지 읽으며 눈물 흘리던 곳

김지유

전남 목포 출생
'월간시' 제25회 '추천시인상'으로 등단(2019)
부부시집 〈진주가 된 생채기의 사랑〉〈수고했어 괜찮아 사랑해〉
서울시인협회 가을시인학교 백일장 최우수상(2019)
yytjy74@daum.net

나로도 22
−곡두여*

지난한 세월이 지나가고 있어
어디까지 갔다가 오는지 모르겠지만
거기도 여기도 어쩌면
마지막이 아닌지도 몰라
더 흐르다 보면 닿는 곳이 있을 거야
리터언하는 곳
아니면 바닥을 치고 반등하는 그곳까지
나락이어도 괜찮아
나만 다녀오는 곳이 아닐 테니
이제는 오르는 순환의 계절이야
먼데 어디쯤에서 살을 키워
곡두여를 찾아 오르고 있을 민어들
굳센 힘줄 뒤 고된 유영을 만나고 싶어
곡두, 곡두여
이제는 괭이제비들 비상도 볼 수 있을 거야
내 아버지 고된 어로의 마침표가 되었던 곳
이제는 내가 순례를 다녀와야 할
내 마지막 성지의 그 곳
오늘도 올라야 할 궤적을 이어가는 곳
잠시 머물다 가는 섬일지라도
오늘은 곡두여에서 하루만이라도
유영을 멈추고 쉬었다 가고 싶어

*곡두여 : 나로도 남서단에 있는 부속섬의 이름으로 주변에 민어가 많이 난다

나로도 25
－봉숭아와 보영이

겨울에도 피어 있었지

너의 손톱에
여름을 기억하느라 홍조를 간직하는
열 마디의 사랑과
비어있는 가슴에
그 겨울의 첫눈

모두 땅으로 돌아가고
달이 기우는데
봉래초등학교
오학년 이반 교실 앞 화단에 피어있던
봉숭아 하면 떠오르는
보영이

더 한번 사랑하고 파
피어내는 수줍음

지금은 어디에서 파뿌리가 되어
이 장천 여름날을
보름으로 여물고 있을까

명재신

'월간시' 제15회 '추천시인상'으로 등단(2017)
시집 〈돌부처 도서관 나서다〉〈겨울사랑〉〈아라비아 사막일기〉〈쑥섬이야기〉
'월간시' 제정 '올해의 시인상'(2020)
현재 GS건설 사우디법인 근무
ccw33kr@naver.com

고향에 진달래 피거든

나 고향에 가리
눈부신 사월 진달래 피거든 나 고향에 가리
정복색 바다. 구수한 사투리 감칠맛 나는 인정 따내어
내 사랑하는 사람과 진종일 마주앉아 고향에 오래 살리.

나른한 봄날 아지랭이 낀 논두렁 지나
뜸북새 우는 시냇가에 앉아 울타리 없는 서너평 초가집
흐드러지게 피어나는 진달래 꽃지짐 맛보며 오래 오래토록 살리

모진 사월 이파리보다 먼저 나온 갈때기 모양의 투명한 혼,
연분홍에서 자홍색, 백설의 희디흰 조선인의 자존심.
푸른 힘. 푸른 넋으로 일제히 일어나 맨 먼저 새봄을 기다리게 하는 꽃
불꽃의 정염도 얼음장 냉기도 지니지 못한
이른 봄날, 잔설 헤집고 반겨 주는 질박한 백성들의 꽃.

잔인한 사월. 안개 세상 헤쳐나온 수줍은 듯 시골 새악시.
해마다 이맘때면 모두가 가슴 아픈 세월
한줄기 풀꽃 뿌리로 이 땅의 온갖 서러움
흥건히 적셔 주는 조선의 꽃, 진달래와 동무하며 검은 머리 파뿌리 되도록
내 고향 산마루에서 오래도록 살리

겨울 귀향의 시

고향도 이젠 빛바랜 흑백 사진 한 장이다.
높아 보이던 삼룡이네 담벼락 야트막해지고
으시시하던 종석이네 골목쟁이 하나도 안 무섭다.
바람도 거리도 예전 그대로인데
옛집 이미 헐려 낯설은 상가로 둔갑하고
생판 모르는 주인장 의자에 너부죽이 앉아 졸고 있다.

공장터 방죽에 노닐던 고추 잠자리떼 온데간데없고
시커먼 폐수만 진종일 구슬프게 흐르는 모처럼의 고향길
오, 껴안고 싶도록 정다운 이웃 사람들
눈가에 큰 주름 자글자글한 성자네는 뚱자 다 되어
자식들 자랑에 속물이 되었구나

우루과이 라운드로 젊은 것들 도회지로 다 내빼고

꾀벅쟁이 맹구는 군의원 되어 머리에 포마드서껀 바르고
늘어진 팔자 걸음 구레 수염도 제법이구나
바우땅거리 섭섭이 시집 잘 갔다고 다 부러워하더니
즈네 서방 작은 년 얻어 풍지 박산 되었구나.

남녘의 바닷 바람 감태맛 그대로 달기만 하고
꾀벗고 멱 감던 각시 바위 예전 그대로인데
어머니 음성 찾으려 진종일 헤매어도
그리도 정겨운 당신의 모습 만날 수 없어
가슴 한구석에 뻥하고 뚫어진 커단 구멍 하나

박문재

전남일보 신춘문예 당선(1963)
'현대문학' 추천 완료
시집 〈겨울나무의 육성〉〈풀빛 연가〉〈하늘 종소리〉 등
현재 '두물머리 시문학회' 운영
pmj4111@daum.net

모아모아 세탁소

찢겨진 하루를 꿰매려 모아모아 세탁소로 들어서면
재봉틀 앞 따개비처럼 붙어 앉은 배불뚝이 손 씨
망가진 세상을 고치고 있다

막노동꾼 이씨 터진 바지 촘촘촘 박음질로 보듬고
수능 앞 둔 여고생 축 처진 치마 칭칭칭 감침질로 토닥거리는
달달달 다정한 재봉틀 소리

접혀진 일상을 펴려고 모아모아 세탁소로 들어서면
희뿌연 증기 흩어지는 다리미대 앞 손씨 부인
구겨진 세상을 펴고 있다

진갑 앞둔 할머니 주름 자글자글한 한복 단아하게 펴고
샐러리맨 구깃구깃한 바지 칼처럼 세우는
쉬익쉬익 따사로운 스팀다리미 소리

말간 햇살 미명을 밀쳐 환해진 골목길
모아모아 세탁소 다녀온 옷을 입고
힘찬 하루를 여는 발소리 경쾌하다

단잠

벌교장, 어물 전 구석진 곳
꼬막 가득찬 대야 앞에 두고
낮은 플라스틱 의자에 앉아
꾸벅꾸벅 졸고 있는 할머니
닳고 닳은 누빔 바지 사이로
세찬 바람 바닷길인양 스쳐 지나가도
고단함 부리는 단잠에 취해 있다

맵찬 바람에 곱을 대로 곱아
꼬막처럼 옹송그린 주름진 손
개흙이 꼬막 골처럼 박혀
널배로 갯벌 헤쳤을 고단함 전한다

바람 손님, 햇살 손님 찾아든 기척에
앙다문 입 살포시 열고
물기 없는 세상 엿보던 꼬막
제 모습 닮은 할머니 손등을
처연하게 바라보고 있다

염정금

순천대학교 평생교육 문예창작과 수료
'월간시' 제3회 '추천시인상'으로 등단(2015)
시집 〈밥은 먹었냐 몸은 괜찮냐〉 〈생이 시가 되다〉
오마이 뉴스 시민기자, 해남 신문 군민 기자, 해남군 성인 문해 교사로 활동
yeomseo@naver.com

다산초당

해남 윤가
친가 어르신
장례식이 베푼
고향 탐방길
만덕산이 부르니
양복에 구두 신은 채
기쁘게 오른다

산을 내려온다
가마 타는 즐거움
기꺼이 내려놓고
가마 매는 괴로움
살뜰히 헤아리는
목민의 도
가슴에 품고서

강진만을 품은 만덕산
온갖 덕 갖췄으니
다산도 외롭지 않았으리라

초의선사 가르치며
차담 나누던 곳
해남 윤가 문중서 베푼
온갖 책을 벗하며
목민관의 길 기록한 곳

다산초당 뒤로하고
마음을 다잡고

쥐치 서리

식은 밥에 물 말아
된장 풀어 벌컥벌컥
허기진 배를 채운다

동네 아이들과 유달산 넘어
대반동 물놀이를 떠난다
밀려오는 파도 부딪혀가며
바닷물에 몸을 맡긴다
해파리도 따라서 헤엄친다

대반동 찍고 돌아오는 길
쥐치를 손바닥 모양으로
삼각대 그물망에 펼쳐 놓은 풍경
눈에 띄었다
손바닥 하나를 잡아떼니
대여섯 개가 따라온다
둘둘 감아 품에 넣고
유달산을 넘는다

불에 구운
두툼한 살코기
입속에서 잔치한다
해수욕했다고
온몸에 소금 자국 남았다
쥐치 서리 죄지은 흔적인가
아직도 용서를 구하지 못했는데

윤영돈

서울시인협회 회원
danielyoun@inu.ac.kr

대봉감 이야기

주먹만 하게 토실한 것이
그리운 눈으로 나를 보고 있다
마주친 마음이 멀리 가지 못하고
멈춰서 기억으로 손짓하고 있다
선명하게 걸어든다

커다란 감나무
마당을 둘러치던 날들
가지마다 열매가, 유년이 사라던 날들

가을이면 채이듯 나뒹굴던 감들
실한 것이 대봉감이었는지 모르지만
그때 자그마한 내 손바닥을 활짝 펼쳐야만 했는데
맞잡은 두 손이 그리워서
입안 가득 채우던 그 달콤함 선명해서

바스락, 추억처럼 정겨운 소리

이불 아래 대봉감 뒤척이는 소리

한입 아싹 베어 물면
달큼한 온기 밤하늘 번지고
다섯 살 아이마냥 토실해진 두 볼에
먼- 유년도 토실토실 살이 찐다

손바닥을 펼치면, 가을이 흠뻑 쏟아진다

외부차량 주차금지

    현대인은 금지당하는 것이 많아
    현대인이라면 지당
    해야 할 일과 하지 말아야 할 일을 알아야만 하지.

    [외부차량 주차금지] 팻말이 서 있다
    금지하려 하는 것은 [주차]라면서
    텅 빈 공간은 기척이 없다
    지난밤 개 한 마리가 구석에서 죽은 채 발견되었다
    벽 틈 얼굴을 박고 죽어있었다

    밤이 걷히지 않는 자리가 있다
    밤새 검고 검은 밤이 연속되어 갇혔다
    기척도 없이 마른 벽은
    허공으로 묻혔다

    눈 밑이 움푹 파인 사내는

    무덤 하나 얼굴에 이고 살았다
    그림자가 섰다
    굵어지는 힘줄과 끊어지는 신음

    [금지]

    앓는 지병이 많다, 지당 짊어진 것이 많다
    제법 낯선 눈길로 도시를 내려다보는 사내의 목숨에는

    무형 문화재 제0호 팻말이 붙었다
    그림자는 집에서 자랐다

이경선

'월간시' 제2회 '윤동주신인상'으로 등단
tut3114@gmail.net

은어야 바다로 가자

산 아래 저 멀리 휘황한 도회의 불빛들이
귀부인 목걸이처럼 오히려 외롭게 반짝이는 새벽
간밤에 한줄기 소나기처럼 문득 꿈을 꾸었다.

해질녘 고읍천 맑은 물 따라 내려오는
은어들이 얕은 물 조약돌에 몸 부비고
파닥거려 빚어내는 물비늘이 장관이었다.

득량만得粮灣* 바다와 고읍천*을 오가는 우리 동네
은어는 여냇가 다리 밑 깊은 물에 산란하고
태어난 아이들 새로운 세상 찾아 바다로 가면
홀연히 물 위에 누워 숭고한 잠을 잔다.

지평선에 둥근 불덩이가 불끈 솟아오르고 있다
이 새벽 나가서 누구에게 뭐라고 말을 붙일까
은어야 구지소沼* 돌파해서 바다로 가자.

*득량만 : 전남 고흥군·보성군·장흥군으로 둘러싸여 있는 보성만의 후미 지역
*고읍천 : 장흥군 관산읍에서 시작하여 득량만으로 합류하는 하천
*구지소 : 물속에 질긴 수초가 많아 떡 감다가 수초가 감기면 나오지 못하는 궂은 못.

천관산을 오르며

당동 효자송 지나서 천관산에 오른다
왼쪽 능선 꼭대기 연대봉에 서서
남쪽바다 저 멀리 뿌연 한라산을 그리며

능선 갈대밭을 지나 공예태후 옥황상제
알현하는 칼바위 하늘에 치솟는다
발자국 선명한 장군 바위는 호위하고

남근봉 금강굴이 계곡 건너에서 마주보고
장천재 계곡 맑은 물은 김유신을 그리는
천관녀의 눈물로 가녀리고 시리게 흐른다

세 아들 왕으로 둔 공예태후 탄생지
효자송은 민둥산 산마루 바라보며
홀로서서 누구를 그리는가

천 년 세월 허망하다고 탓하랴
사랑도 권력도 구름처럼 사라질 뿐
바람소리만 먼 하늘을 헤매고 있다

삼산 앞바다로 바지락이나 캐러가야겠다

이현희

전남 장흥 출생
'월간시' 제35회 '추천시인상'으로 등단(2023)
시집 〈그래서 행복하십니까?〉
전 서울시교육청 공무원, 건설사업 관리전문가
faincm@naver.com

시골 장터

시골 장터 국밥집에 모락거리는 주모의 푸짐한 인심
막걸리 사발에 근심 휘휘 저어 마시던 장돌뱅이 김씨
약장수 노랫가락에 곱사춤 추며 굴곡진 삶의 무게를 털어낸다

어물전 꼴뚜기 먹물 쏘아대며 바다로 가겠다며 보채고
고무대야 속 대하는 폴짝 뛰어나와 수염 펄럭이며 길바닥 농성
싱싱하다 외쳐대는 아저씨의 비릿한 목소리에 행인들 지갑이 열린다

과일전에는 땡볕에 농익은 수박 참외 살구가 요염한 자태로
단내 풍기며 호객행위 하고 채소전 열무 시금치 쑥갓은
초록초록한 웃음으로 장바구니 붙잡는다

노점 좌판에서 남새떨이 못하고 한숨 이고 파장하는 노파의
가난에 그을린 주름진 얼굴

해거름 발자국만 뒤엉킨 채 나뒹구는 썰렁한 장터
노을이 바람 빠진 수레바퀴 밀고 넘어가는 산등성이가 가파르다

고향집의 추억

아들 바라기만 하시던 어머니
하얀나비 등에 타고 떠나신 지 삼년

무쇠 솥 걸린 아궁이 속
솔가지 타오르는 불꽃에 아른거린 맵디매운 삶의 애환
부지깽이로 뒤척이며 속울음 삼키시던 애잔했던 모습

비오는 날이면
고막을 뚫는 개구리 울음소리에
버무려진 김치부침개 지글거리는 소리
꼴깍 침 넘어가는 소리

고샅에서 고무줄놀이 땅따먹기 숨바꼭질하다가
허기져 달려와 정재문 열면 소쿠리에 수북한 삶은 감자
보리개떡에 함박웃음 짓던 우리들

돌담 아래서 빨간 앵두 언니 몰래 따려다가 쐐기 물려 비명 지르면
된장 발라주시던 어머니의 따스했던 그 손길

장마철 끈적이는 그리움에 젖어 밤잠 설치며
고향집 추억을 덧칠해 본다

천영희

전남 나주출생
계간 '포스트모던' 신인상으로 등단(2015)
시집 〈내 시는 연둣빛〉〈가을을 낚다〉〈동백꽃은 언제 피려나〉 등
한국생산성본부, 무안 해광중학교 교사 역임
younghee0808@naver.com

해남 땅끝마을

고요한 바다 위에 고깃배 넘나들고
늘 푸른 바다는 어부의 삶의 현장

만선 배 기다리는 아낙네들
함박꽃 피어난다

어촌 마을 우리 동네
갈치집 한 상에 만원이다
갈치구이 고등어조림 바지락 한 사발
철철 넘치는 미역국 맛난 오징어젓갈
불쑥 솟은 흰쌀밥 한 그릇
푸짐한 밥상
오신 손님 웃고 간다

우리 지도엔 땅끝이요
세계지도엔 배꼽
싱싱한 고기 잡아 국민 건강
너도 나도 하하 호호
이곳이 행복이야
어부의 삶의 소리
우리 동네 땅끝마을
아리랑 아리랑 아라리요
파도따라 흘러간다

소나기

햇빛 쨍쨍 가뭄 속 대낮
갑자기 소나기가 내린다

처마에 주루룩 떨어지는
낙숫물 소리 옥수수 잎파리도 너울너울 춤추고
푸른 고추 붉은 고추
장단 맞춰 장구를 친다
아직 풋수박 서로 미소지며
온몸 던져 뎅구르 구르고
우리 동네 텃밭은
춤추는 공연장

맨발로 뛰어나가 나도 한가락
애타던 농부의 가슴 뻥 뚫리고
농부의 아낙 굳어진 가슴도
사르르 녹인다

처마에 달린 풍광소리에
장단 맞추어 어릴 적 내 친구
가슴속에 살아나
내 마음도 둥둥
소나기에 흠뻑 젖으며 노닌다,

홍보영

시집 〈엘리샤벳의기도〉〈굳이 말하라 하면〉
배기종문학상수상. 국악 아리랑 명인
서울시인협회 부회장
hongboyoung1234@gmail.com

11

경상북도

원기소

상수리 구르는 소리 톡, 토르르 들려오고
송소종택松巢宗宅 뒤울 너머 황새 떼 날아들어
휘도록 나무마다 한철 흰 꽃송이 앉는 마을

어머니는 발틀 돌려 해진 옷 손질하고
속살 다 비치도록 고무줄머리 묶은 아이
갈색 병 원기소 몇 알 아작아작 깨무는

손짓발짓 간지러운 고소한 유년이 오면
팔순의 어머니도 팽팽하게 돌아오고
재봉틀, 기차 가는 소리 오순도순 쏟아진다

이하역 산국

중앙선 비둘기호로 이하역(伊下驛)에 내려서
학교 가는 다리께 개구리 울던 연못 하나
기찻길 넘어서 가면 골짜기만한 우리 마을

꽃동산 만드느라 조별 모임 하던 시절
그때쯤 태어난 걸까 눈에 쏙 들어온 꽃
길가에 산골마을 그때, 그 꽃등 달고 있네

밤이면 달빛이 쏟아지던 산모롱이
종지처럼 터뜨려 노랗게 웃고 선 너
물밀듯 산골 유년이 와락 품에 안긴다

권영희

'유심'으로 등단(2007)
시집 〈오독의 시간〉
sunsonnet@naver.com

호지마을길

해조음처럼 바닷물이 잔잔히
드나 들이 하여 영해라 했다지요.
목은 이색 선생이 관어대에서 바다를
굽어보며 시를 지었다는 노래
물고기가 뛰놀고 고래가 춤을 추어
고래불이라 했다지요.
푸름에 누운 송천강은 늙지도 않아요
영해 들판의 풍요로움을 먹고 살아
아직도 유구히 대진 바다를 드나들고 있어요
소금 장수도 드나들어
아낙들의 서사 설화로 효자 아들은 더 이상
군불을 안 때도 됐다지요.
국가문화재로 지정받은
영양남씨 집성촌
근엄한 얼굴로 칠보산을 대동하고
호지마을길을 걷고 있어요.
목은 이색 선생이 중국 유학 가서 공부하였던 곳이
이곳 괴시리와 닮았다 하여
이름 지어 불렀다는 리 명
외가인 이곳에서 태어나 성장하며
솔바람의 기개를 닮아 조선왕조에
굴복하지 않은 넋이
생가터로 가는 길 바람 소리로 들려요.

거인 발자국

목은 선생이 중국 유학 시절 함께
천만 리를 걸어와 얼굴이 빨갛게 상기된 복숭아
기근이 들고 굶어 죽는 시절
영감 벼슬 진사댁 장례는 스무날을
스무 넘 고개를 넘고 또 넘었어
허기진 동네 사람들을 살리려고
복숭아 찐빵을 만들었어
폐병이 들은 한 청년은 마을에서 쫓겨나
스무넘 고개 밑 정자에서 죽기만을 기다리다
야생 복숭아를 만났어
여성의 엉덩이를 닮아
다산을 의미하는 영덕 복숭아의 양기
한여름을 복숭아를 먹고
또 한여름을 복숭아를 먹고 기운 차려
나중에 거인이 되었다는 거인 발자국
지금도 하나만 바위에 새겨져 있고
하나는 보이지 않는 이유
복숭아씨를 영덕에 뿌리고
하늘로 올라가 천대 장군이 되었다는
괴시사진길 설화

남상연

'월간시' 제32회 '추천시인상'으로 등단(2022)
cnamue@hanmail.net

졸업여행 가자

잘 가라
육지로 가는 뱃길 뒤로 하고
손 휘휘 저으며
잘 가라.

푸른 캔버스의 하얀 섬길
동백꽃 머리띠 어깨띠 두른
다도해 길이
한평생 눈앞에 아른거리더라.

친구들아
우리 다시 졸업여행 가자
먼저 간 버릇없는 녀석들
내가 연락하마
누런 앨범 주소 뒤져서.

저 노을 사그라질 때면
우린 은하의 강변을 지나
별꽃 마을 계곡을 지나
또 졸업여행 간단다.

잘 있거라 정든 세상아.

바보들의 장터

황소 두 마리가
이마에 난 흉한 뿔 맞대고
싸움하고 있다.
죽기 아니면 살기
장터에는 핏빛이 돈다.

흥분한 구경꾼들도
죽기 아니면 살기다.
바보짓 보고 바보가 된
로마 사람들.
나도 주먹 들었다 놓았다
하는 바보.

저녁노을 곱던
저 성스러운 전당은
언제부터인가
바보들의 장터가 됐다.

남찬순

'국제문예'로 등단(2018)
시집 〈저부실 사람〉 〈바람에게 전하는 안부〉
동아일보 워싱턴 특파원, 논설위원. 관훈클럽 총무 역임
cs612@hanmail.net

중국 냄새 이름 괴시리 전통 마을

검은 속내의 구름 몰아
한낮 더위 먹은 지열은 이 마을 묵은 기와 골에
수억 생의 소낙비 뿌리고 지났는가 싶다
잠시 상처 난 땅 가죽을 어루만지고 있었다. 불볕들은
서민 갑질의 골목골목들 가린
청록의 병풍 슬쩍 밀쳐내자
아우성치던 잡풀들
그 잡것들, 상것의 모진 저항이 만만 찮았다
있는 힘 소진해 호미 날로 그들을 밀어제치고
뚫어낸 숨통 길의 터널
한쪽 잡풀 더미들 녹록치 않은 여름 숲 거름으로
쌓여만 갔다. 아낙네들 수다 소리처럼
해그림자 들추고 여름 매미 합창은 기승을 부렸다.
머리에 하늘 천막 둘러치고 그네들 시금치 농장 길목
땀들을 수확하고 있었다.
느슨해진 석양 틈새마저 가린
녹음 병풍 밀어붙이자
울 울 창창한 여름의 젊음은 너무 짧다고
하루 일기를 쓰다만 노을이 마악 얼굴 붉혔다.
와자지껄 뒷마을 동박새들 귀가 소리
영해 바닷가 전통 계승의 여름 방점은
어느 사이 삼복더위 고개 너머 있었다

목은 기념관

비에 젖어 꽃잎들마저 흙에 묻혀

떠나버린

들꽃 같은 무심한 해풍은 내 손을 못 놓고 울었다

소름 돋는 빗방울의 발밑은

웃자란 잡풀들의 바다

시퍼런 잡풀잎 성깔 닮아

자주색 칡꽃 넝쿨 줄기줄기 감아 올라간

와룡산 자락 샛강의 억새밭 끝머리

동네 몇 집들

영양남씨네 전통 마을 텃세에 숨이 턱에 닿았다

물러선 풍상 바위 골 밑

고려말 최고 선비 이색 선생 사당은

물 맑음의 하늘재 고방

초록 카페트 영해 벌 바래기로 흰 구름 두둥실 얻어타고

안주하고 있었다. 아직도 한학 연구에 몰두 중

변 윤

'시와 의식'으로 등단(1984)
월간 '시문학' 공모 우수상(1991)
시집 〈눈 내린 숲길이 깰 때까지〉 〈촛불을 바라보며〉
현재 조계종 선원 수좌원로회원, 용주암 주지
cnamue@hanmail.net

수난의 다보탑

　전장 나가는 창칼처럼 손에 손에 들린
　동전 주머니
　오늘도 죽을 각오로 경로당 문 열고
　연령 별로 치는 판세 분석하면

　꼬실꼬실한 고두밥도 뭉갤 힘으로
　밤새워 재웠던 분심까지 더한 화투장
　힘 가지껏* 내려쳐도 끗발 안 붙는 시조모
　얇은 주머니에서 새로 나온 동전 내놓자
　아이들 노리개라고 패대기치며
　밑천 떨어졌음 놀음판에서 비키란다고
　지진 난 감정 속사포처럼 쏘며
　"이전 동전 모으라"는 엄명 내려
　세종대왕님, 나락 이삭, 다보탑을

한 움큼씩 모아 드리면
만면에 띤 화색은 복권 당첨이라

희로애락 다 느껴본 생의 끄트머리에서
다보여래 모신 탑 전도 뒷전으로 밀어내는
여유는 어데서 나오는지
뻘건 것 말고 노란 거로 모으라는 요구
모처럼 한국은행총재 웃기는데
문밖 내쳐진 뻘건 다보탑은
나이롱 불자 번민 들게 하네

*가지껏 : 최대한

기분 좋은 말

동짓달 큰제사
가스 불로 한 말 떡국 끓이려면 하 세월이라
아궁이에 장작불 지피노니
치맛자락 획획 뒤집으며 뒤리갱기는 총각 불꽃
바람 타고 춤추며 눈물 콧물 호리는지라
겨우 음복 시간 맞춰 떡국으로 상 차려
뜨뜻하게 드시길 권하며 자리 앉으니
"종부, 올해 뒷들 논 사겠네" 하신다
유네스코 등재 이후 땅값이 널뛰길래
무슨 말씀이냐고 반문하니
치마 뒷단 꼬시러 먹었으니
그 값으로 뒷들 논 사겠노라 하시어
"치마 홀랑 태우면
몇 마지기 살 수 있는데요" 했더니
축시 넘긴 음복 상 가득 채운 너털웃음
족친들 간 서먹함 말끔히 가시고
묵었던 피로 탁탁 털어내네

신순임

월간 '조선문학'으로 등단(2011)
시집 〈무첨당의 오월〉 〈앵두세배〉 〈양동물봉골이야기〉
〈친정나들이〉 〈탱자가 익어 갈 때〉
shinsl66@naver.com

포도주잔의 독백

덜컹거리는 시골버스의 바퀴에 닳은
밤톨만한 자갈과 누런 흙탕물
그리고 백색 허공을 꿈꾸며
혁명처럼 일어나던 뿌연 흙먼지 길
그 길 위를 자박 자박 걸어서
이만큼 죽어온 시간의 블랙홀
한 여인의 붉은 입술 자국을 위해
투명의 빛으로 지켜온 건 진짜 아니다

폐교의 위기에 몰린 시골초등학교 빈 운동장을 지키다가
또 닥친 가을을 숙명으로 받아들이는 플라타너스의
처진 가지와 땅 사이에 조성된 작은 허공
그 하늘을 유영하는 낙엽의 희열처럼
체념의 찰나를 위하여 긴 세월
펄럭이며 살아온 것도 아니다

잔치가 끝난 식탁 위에
종이로 만든 안개꽃의 부축을 받으며
장미 한 송이가 차가운 유리컵의 빈 공간을 지키고 있다.
포기하지 못한 촛불의 희망은

객 떠난 식탁 위에 아이처럼 천진하고
엎질러진 포도주를 닦느라 핑크빛이 된 티슈 몇 장이
먹빛으로 변하고 있다

잔치는 끝난 것이냐?
붉은 입술의 예쁜 여인이
길고 흰 손가락으로 나를 짚어
정열의 입맞춤을 하던
잔치는 진정 끝난 것이냐?

식은 유리잔 속에
누군가 꽂아둔 장미 한 송이가 아직 붉은데
천년의 세월도 더듬을 정한 눈빛의 여인이
하나둘 잔치 상을 물리는구나

아! 뜨거운 입술을 기억하는
포도주잔의 눈물이
피처럼 붉다.

오낙률

방송통신대 국문학과, 방송통신대학원 문예창작콘텐츠학과 졸업
'문예한국'으로 등단(2005)
시집 〈따이한에게 쓰는 편지〉 〈바람꽃〉 〈포항 12경〉 등
rainfield@hanmail.net

영주 대장간

철을 독처럼 품고

사통팔달 철로 영주역

영주 철도 관사 뒤에 자리 잡은 곳

충청도 사람이 내 걸은 영주대장간 상호라네

대장간 문 여니 컴컴프레하다

층층지게 쌓아 놓은 철의 시간들, 작품들이 많다

대장장이 사십오 년 작년 이십일 년 블로그엔

네 명의 철의 악단들이라 했는데

한해 지난 이천이십이 년

작은 아궁이 속 붉은 ㄱ 자

의자에 앉은 아저씨의 얼굴이 발그레 곱다

미국 아마존에서 절찬리에 팔린다는 호미가 이십삼 달러

국내 호미값보다 네 배 비싼 가격

천만번 담금질로 두들겨 날 세운

세계적인 장인의 식칼을 샀다

삼년쯤 지나 날 갈아 주면 된다는 여자는

신문지로 날을 돌돌 감아 준다

때때마다 어머니는 나무손잡이 끝으로

마늘 몇 알씩을 빻았다

죽계천

    금성대군 유배지인 순흥 고을 정축지변에 몇백 명이 목 베임 당해 청다리 밑으로 흐르는 핏물이 10리까지 흘러내려 피끝 동네가 이름 지어졌다 아이들은 청다리 밑으로 버려지고 우리가 어린 시절, 너를 순흥 청다리 밑에서 주워 와서 이만큼 키워 줬으니 이제는 너 엄마 찾아가라, 너도 나도 들었던 말이다 소수서원(백운동 서원) 앞 죽계천변 바위 백운동 아래 붉은 경자는 정축지변에 죽어간 원혼들의 울음소리를 달래고자 주세붕이 세긴 글씨다 백운동 서원은 사액 서원의 효시로 미국 하버드 대학보다 93년 앞선다고 한다 백운동은 퇴계 이황의 글씨다 죽계천은 소백산 국망봉과 비로봉 사이가 발원지며 낙동강 하류로 흐르는 죽계천을 안향은 죽계별곡이라 시를 지었고 이황의 죽계구곡 일곡은 초임사에서부터 시작해서 5리 안에 있다

    구곡 가까이에 배점이 선조 임금님을 향해 삼 년 상을 지냈던 자리에 장려비가 세워져 있고 400년 넘은 느티나무 보호수가 있다 장려비 앞집 작고 앙증맞은 분홍을 띤 빨강 줄장미가 담을 타고 피어 있다 어릴 적 아버지의 화단 밭에서 보고 처음 보는 듯 담 안에서는 짖어대는 개소리가 요란하다

우봉하

'월간시' 제4회 '윤동주 신인상'으로 등단(2022)
wbhh0802@naver.com

삼화실

내가 사는 곳은 문경시에서 차를 타고 사십여 분 가까이 더 가는 쌍용계곡 가는 길목 오른쪽에 있는 연엽산 골짜기 연엽골이다. 연엽골에서는 우리 집이 제일 높은 곳에 있다. 연엽골 골짜기 아래 첫 마을이 삼화실이다. 사마실이라고 부르기도 한다. 사마실은 산을 기준으로 윗마을을 상사마실 아랫마을은 그냥 사마실이다. 아무도 사마실 이름의 유래를 아는 이가 없다. 지금은 살기 좋은 때라 농촌의 집들도 단장이 잘 되어 있고 마을길도 포장이 잘 되어 있지만, 쟁기질로 밭을 갈던 시절에는 끼니 챙기는 일만으로도 너무 바빴을 터라 마실 한 번 가려면 일삼아 가야 했다. 마을이름 사마실을 쓰다가 사마실의 사는 일이라는 뜻으로 생각하게 되었다. 몇 집 안 되는 외진 마을에서 농삿일에 짐승 키우기에 손빨래에 허리가 굽고 무릎이 망가진 어르신들이 대부분 마을 구성원이다. 타향도 정이 들면 고향이라고 그 누가 말을 했던가 유행가 한 소절을 읊으니 그 말이 참말 아닌가 기가 막히게 맞는 노랫말이다. 말이 십삼 년이지 강산이 변한 세월이다. 누구든 만나면 반가웁고 무엇이든 있으면 차별없이 먼저 만나는 사람에게 건네어도 서로 미안치 않고 정이 쌓여간다.

내 집. 문밖을 나서는 일은 예전이나 지금이나 일은 일이다. 신발이라도 고쳐 신고 옷깃을 여며보는 것이다.

사마실!
옳거니
마실도 일처럼!
어른들께서 마실 갈 때는 일 보듯 하라고 '사마실'이라고 하신 것이 분명하다고 다시 한번 적어보는 것이다. 사람들과도 정이 드니 마을 이름도 부르기가 좋아진다.

어르신들 드시라고 바나나 한 상자를 싣고 마을회관으로 가는 길은 흐뭇하다
일삼아 마실을 가는 것이다.
내사마 사는 곳이 사마실 아니던가!

원임덕

'한국문학예술' 신인상으로 등단(2003)
시집 〈벌레가 만난 목화 속의 바다〉 〈꽃이 되는 시간을 위하여〉
월인문학상 수상.
현재 스님, 연엽산지기, 미소마을 시마음치료 연구소 대표
gasijangmi@naver.com

기찻길 옆

황토벽 사이로 얼기설기 드러나 보이는 수수깡
기찻길 옆 선술집 이층 청파靑坡다방

껍질 벗겨진 전깃줄에 널린
실 보푸라기투성이 빨래
실바람 한 번 불면 새까매지는 광산촌
돼지비계로 씻어내던 몸 속 석탄가루

석탄 실린 목청 좋은 화차
역무원 흔드는 파랑색 빨강색 깃발에 맞춰
옆 차와 짝짓기하듯
삭풍에 문짝 흔들리는 소리를 낸다

이층 푸른 언덕 다방에선

쌍화차 노른자 동동
양귀비거울 호호호
불타는 석탄 난로
이미자의 동백아가씨, 섬마을 선생님……
느릿느릿 부초처럼 흐른다

아, 또 꿈을 꾸었나 보다

종소리 되어 울리는 그립고 아린 그 시절
이빨만 하얗게 웃으며 울었던
허파를 삼킨 검은 섬

강마을

낙동강 상류 강마을 삼강三江 주막 부엌 구석
  주모 할매 화풀이 당해
  볼 부은 꼬마 빗자루

  빗살 다 닳아 술 찌꺼기 제대로 안 쓸린다고
  빗자루 몽뎅이 쓸모없기는 내 인생과 같다고
  김 나는 가마솥 뚜껑에다 패댕이 치고
  탁주 한 바가지 들이켤 때

  괴탄 갈탄 신나게 타들어가는
  낡고 녹슨 난롯가에 옹기종기
  손불 쬐는 촌로村老들

  어르신들의 목 뒷덜미
  거북이 등처럼 갈라 터진 세월에 누가 칼을 대련만
  고향 이발관 최 서방은 신이 난다

  "아이구 시원하겠다
  최 서방 칼질 이쁘게도 하네그려"

  고추 농사 소출 시원찮고
  부풀린 자식 효도 자랑하면서
  면도솔 쫄아붙어도 스걱 샤아악 잘도 소리 내는
  검정색 바랜 면도칼 신명 가락에

  참깨 들깨 털듯 시름겹고
  시름 잊고 덕담 나눌 때
  맑고 누우런 듬성듬성 빠진 이빨 사이로

  정겹게 흐르는 강 마을
  달빛 세월

이상현

서울 묵동야학 설립. 지도 활동
함석헌 선생 '씨울 사랑' 배움
시집 〈미소짓는 씨울〉 〈밤하늘에 꽃이 핀다〉 〈살굿빛 광야〉
서대문문학상 수상(2018)
shlee77775@naver.com

잉어

집 근처 개천에는 인도교가 있고
그 아래에 팔뚝만한 잉어들이
무리지어 노난다
사람들은 유유히 헤엄치는
잉어를 보고 즐거워하며
때론 소리 지르며 먹이를 던지고
잉어는 우르르 몰려와
연신 입을 물위로 내밀고 뻐끔거리며
배를 드러내며 거만스럽게 받아먹는다
밤이 되어도
잉어는 그곳을 떠나지 않고 쉰다
찾아 줄 누군가를 기다리며

인도교 건너편 조그마한 동네
몸이 불편해 우울하고
마음의 상처로 아파하는
노인 몇 분이 사신다
찾아 줄 자식도 사람도 없다고
죽지 못해 산다고
늘 외롭다고 하신다
희뿌연 저녁 안개에 휩싸인
인기척 없는 길
한 노인이 다리 난간에 몸을 기대고
둑 아래 냇물을 하염없이 바라본다
슬픔이 가득 고인 힘없는 눈

눈물 나던 날

삼십 년 만에 찾아간 고향에
내가 살았던 집은 사라지고 없었다
마을과 멀리 떨어져 갱빈에 있던 집
뒤뜰 커다란 느릅나무 한 그루만이
그곳이 우리 집터였음을 알려주듯
눈을 껌벅이며 서 있었다

먼 장에 간 엄마는 오지 않고
금방이라도 뭐가 튀어나올 것 같은
껌껌한 느릅나무 가지에
부엉이 퍼런 눈이 번쩍일 때
어린 두 여동생과 손을 잡고
대문 앞에서 엉엉 울었던 집

여름밤 마당에 멍석 깔고
애호박 칼국수 한 그릇 뚝딱 해치우고
우뚝한 배 하늘로 밀며 크게 누우면
수많은 별과 은하수와 전설이
쏟아져 내려 하나가 되던 집

마당 한편 담벼락에 심고 아침마다
정성으로 물 주었던
마르고 키 작은 복숭아나무는
열매 맺어 주겠다는 약속을 잊은 듯
영영 나타나지 않았다

대문이 있었던 곳에 턱을 괴고 서서
물끄러미 바라보던 시린 두 눈에
사랑하는 부모님과
널따란 마당에서 뛰놀던 두 동생이
흑백사진처럼 스쳐 지나가고
조각조각 이어지는 그 시절
아련한 기억의 편린들이 가슴을
아리게 했다

이종범

한양대 공대 졸업
'월간시' 제11회 '추천시인상'으로 등단(2017)
현재 유성기업 아산공장장
jbl0208@naver.com

금당실 느티나무

고향이 저물어 간다. 때로는 눈물이 되고 상처가 되고 안개처럼 지워져도 느티나무는 세월을 버티고 있다. 금당실金塘室* 온 내력을 오롯이 담고 있을 나이테. 마을이 생기기 전부터 풀씨로 묻혀 기다림 하나로 우리들 가슴 가슴마다 뿌리를 내렸을지도 모른다. 경사스런 날에는 푸른 손을 흔들고 잠 못 들어 뒤척이던 밤은 또 얼마였을까. 오래 살다보면 그리움도 젖은 산조散調로 아픔이 되는구나. 바람이 가슴을 후비고 떠난다. 기력을 잃은 채 느티나무의 어깨에 기대어 졸고 있는 금당실. 넉넉한 그늘만이 꿈을 꾸고 있다.

*금당실 : 경북 예천군 용문면 소재 전국 10대 명승지 중 하나

명목 名木

고향 동네 석평 마을에 사람처럼 귀하게 여기는 소나무 한 그루 있어, 아름으로도 안을 수 없는 세월의 풍상을 사람들은 수호신처럼 받들고 있다. 자식이 없어 후대를 걱정하는 노인의 꿈속에서 걱정 말라고 위로했다는, 영험한 나무를 모시는 석평 마을은 평화롭다. 사람들은 착하고 동티도 나지 않는다. 양지바르고 물 맑은 샘이 흐른다. 토지대장에 이름을 올리고 해마다 세금까지 납부하는 넉넉한 그늘이 온 마을을 덮는다. 오늘도 석송령石松靈*은 마음속에 뿌리 내린다.

*석송령 : 경북 예천군 감천면 천향리에 있는 천연기념물 294호 지정 소나무

정유준

경북 예천 출생
시집 〈사람이 그립다〉〈풀꽃도 그냥 피지 않는다〉
〈나무의 명상〉〈물의 시편〉〈까치수염의 방〉 등
jeongnamu@hanmail.net

도동 어른과 극장마을

핏골* 마을 중앙에 도동 어른이 살았다.
작은 도랑을 경계로 한, 우리 옆집 어른이었다.
훤출한 키에 풍채가 좋은 도동 어른이 목소리마저 우렁찬 것은
어릴 적부터 돼지 피를 많이 먹고 자라서 그렇다고들 했다. 두둥실
큰 얼굴은 희고 불그스름했는데, 마당에 나와 큰 소리로 외치면
확성기도 없던 시절 온 동네가 알아들을 정도였다.
무얼 가슴 속에다 숨겨놓곤 견디지 못하는 성품인지라
도동 어른의 목소리로 인근의 뉴스는 비교적
빠르게 이 마을 저 마을로 전파되곤 했다.
외동으로 자란 도동 어른은 아들을 많이 얻고자 소원했으나
딸만 여럿을 낳고 아들은 또 외동이라 3대째 간신히 체면치레를 했다.
손자 보기가 다급한 도동 어른은, 대구에 나가 고등학교를 다니고 있는
외동아들을 불러들여 성급히 장가를 보냈는데,
손녀 손녀 손녀 손녀 손녀 손녀 손녀, 일곱을 얻고 나서
여덟 번째에야 귀하디귀한 손자를 얻었다.
어느 날 아침, 마당 가운데에 나선 도동 어른은
그 어느 때보다도 더 우렁찬 목소리로 동네방네 다 들으라는 듯
뉴스를 보도했다. "여보게 이 사람들아 글쎄,
약실에는 짝짝꿍이 붙었다네, 아 이 사람들아 이웃 마을 약실에
짝짝꿍이 붙었단 말일세-"
국민학교 다니는 아들을 하나 가진 과부와 개울 건너
키 작고 땅땅한 남정네 사이에 정분이 나서 벌어진 간통 사건은
도동 어른의 확성기를 통해 삽시간에 쫘악 삼동네에 퍼지고 말았다.
도동 어른이 아들을 따라 서울 구경을 한 적이 있었는데,
아스팔트길 앞에서 고무신을 벗어들었다는 얘기는 흔한 일,
그보다도 웃기는 일은 길거리에 흔히 있던 의상실 쇼 윈도우의

늘씬한 마네킹을 만난 것이었다.
"아, 조년들이 어른을 보고 빤히 쳐다보네, 버르장머리 없이…"
갑작스러운 일이라 마네킹의 재질材質을 설명하기가 궁해진
동행자 중 한 사람이 얼떨결에,
"아, 그거는 사람이 아이고요, 고무 아(고무 아이)이시더"하고
얼버무려 넘어갔겠다. 그 길로 서울 최고의 관광 코너인
백화점에 들르기로 한 도동 어른과 그 일행은 으레
1층의 향기롭고 휘황한 화장품 장마당에 들어섰다.
부스마다 하나같이 깎은 듯 예쁘고 단정한 몸매에
짙은 화장을 한 판매원 아가씨를 본 도동 어른,
갑자기 긴 대꼬바리*를 들어 아가씨의 쨍배기*를
딱-, 소리가 나게 때리며,
"요것도 고무 아가?" 하는 순간, 아가씨는
잠시 자지러지고 말았다. 도동 어른의 서울 나들이는
삽시간에 근동에 퍼져 웃음을 선사해 주었으니,
도동 어른이 있어 극장마을이나 다름없는 핏골은
언제나 드라마틱한 스토리의 긴장이 흐르고 있었다.

*핏골 : '직동(稷洞)'의 한글화 이름. 경북 청송군 안덕면 성재리의 마을(조명제 고향).
*대꼬바리 : 담뱃대의 경상·충청 방언. 담배를 담는 부분과
 물부리 부분은 놋쇠이다.
*쨍배기 : 정수리의 경북지역 방언.

조명제

'시문학'으로 등단(1985), 계간 '예술계' 문학비평 당선으로 등단.
시집 〈고비에서 타클라마칸 사막까지〉 〈오스트랄로피테쿠스의 노래〉
비평집 〈한국 현대시의 정신논리〉 〈윤동주의 마음을 읽다〉 등
중앙대문학상, 미산올곧문예상, 시문학상, 한국문학인상 등 수상
계간 '문예운동' 편집주간, 서울시인협회 부회장, sanbon-cmj@hanmail.net

12

대구

밤 마실 문화 거리

어둡고 컴컴한 우리 동네 이야기야 좀 덜 핥은
밑구녕처럼 남겨진 게 내가 들어도 마냥 찜찜하지만
뭐 간곡하게 얘기 보따리를 우선적으로 좀 풀어
달라는 부탁이 윗분 모시는 정성도 보이고 하니
그냥 못 이기는 척 지상의 보따리 매듭을 슬쩍, 한
귀퉁이만 풀어놓아 볼까요 나? ㅎ,
나는 길양이 옳습니다만 사는 곳이요?
하 참, 요즘 시대에 개인 정보를 펼쳐 놓으라니…
그냥 수성못 아래 신식 도로 주소로 동대구로 정도로만
밝혀 둡시다 방송국이 있는 좀 오래된 이면도로인데
요즘 뭐 밤마실 문화거린가 뭔가 해서 밤만 되면 낮보다
훨 시끄러워지는, 우리 아저씬 빨간 입술로 뭐든 다 해줄
것 같은 허리 날씬한 배꼽 보이는 아가씨를 딱 한 번
부딪혀 보고는 글쎄 무슨 생각을 했던지 멀쩡한 이면도로를
두고 대뜸 곳곳이 지뢰밭이라나 뭐라나 …난 재미만 있더만
그렇고, 한 해 내 몸피 불리는 것에만 혼이 빠진 버즘나무
된통 덕지덕지 부스럼을 치마처럼 휘두르고 얼룩덜룩한 딱지를
흘리고 섰는 꼬라지라니 추잡한 게 맘에 들진 않지만 이게 또 그
무성한 나뭇가지로 나의 길을 허공으로 내주어 재수 좋으면
비둘기니 까치니 싱싱한 날짐승 고기까지 맛보여 주는
서비스를 제공해 주니 마냥 내칠 수만은 없지 뭡니까
봄만 좀 지나면 영감 머리 치듯 스포츠형으로 싹뚝
우듬지가 잘려나가는 걸 보면 어떨 땐 좀 안 됐기는 해요
하지만 그보다 더 재미진 건 러브모텔 그래요 그 밤에만
네온이 화려하게 번쩍거리는 °러 °브 °모 °텔,
우리도 짝놀음 땐 한 소리 좀 지르는 편이지만 안 보려도
버즘나무 가지 사이를 지날 때면 우연히 눈에 띄는 작태라니,
어제 새벽에 좀 시끄럽게 짝짓기를 하는 바람에 과민한
주인집 아줌마로부터 오늘 아침 홀라당 쫓겨난 몸이긴 하지만

그에 비하면 우린 그래도 자세 하난 바른 편이더라구요
까짓거 이 한 몸 거할 집이야 아줌마 아니래도 돌아돌아 몇 곳만
훑으면 주인들 눈 안 닿고 편안하게 새끼까지 감춰 둘 자리쯤이야
쉽겠지만 그게 어디 등 닿는 자리라는 게 한번 익숙해지기까지
또 좀 뭐 그런 게 있더라구요 어쩌겠어요 뭐 또 찾아보는 거죠
크게 신경은 안 써도 돼요
밤이면 바퀴보다 신발이 훨씬 더 위협을 가해오는 밤마실 문화 거리
길 양편으로 세계 각종 술 종류와 동남아에서 맛으로 유명하다는 왼갖
음식이 현지식 얼굴을 뒤집어쓰고 나오는데 음식이야 입맛 까칠한
내가 일일이 맛을 볼 수는 않겠지만 주차해 놓은 이름만 들어도 우와
소리 나오는 외제차 밑에 엎드려 구경 좀 하노라면 그것 재미 또한
애깃거리로 넘치겠지만 술집에서 젊은 남녀가 취하기 전부터 취할 때
까지의 작태라는 게 그렇고 그런 뻔뻔한 짓거리로 하는 당사자는 잘
못 느끼겠지만 우린 하도 많이 봐 와서 이젠 좀 신물이 나긴 합니다만
아퀴가 잘 안 맞아 늦게까지 마신 술로 길바닥에 널부러져 웩웩거리는
멀쩡한 아가씨를 보는 날엔 글쎄요 비위가 제법 튼튼한 나도 바퀴를 부여
잡고 욱욱거린답니다 저런 암컷을 누가 데려가 자겠어요 그래도
쇼윈도 안의 마네킹 아가씨의 속옷이나 구두 웬만한 겉옷까지가 자주
바뀌는 걸 보면 아가씨 애교도 아저씨 씀씀이도 다들 무난한가 봐요
암튼 저들이나 우리나 공통점은 있어요 일테면 꼭 그녀나 그놈 아니더라도
수컷도 암컷도 줏어들은 월남 말로 부꾸부꾸란 말이죠 언제든 마음만
바꾸면 암컷 수컷이야 길에 널린 걸요 술이 왜 있겠어요
이상한 건 이튿 날 아침이면 골목 풍경이 새로운 것처럼 멀쩡한 얼굴로
다시 조용해진다는 것입니다 그건 참 내가 봐도 아주 신기하거던요
암튼 이 거리를 오래 지켜본 나의 결론은 그래요
뜻이 맞으면 삶은 즐기는 거예요 그러나 그게 뭐든 절대 넘치는 건 금물,
적당한 선을 넘지는 말 것, ㅎㅎ 너무 어려운가요?

강동희

영남대 국문과 졸업. 중앙대 예술대학원 문예창작과정 수료
'월간시' 제3회 '추천시인상'으로 등단(2015)
kangdh1103@naver.com

이웃 사람

동네 골목길을 지나다가
가끔 낯선 분의 인사를 받는다

안녕하세요 하며 반갑게
웃음꽃 피우며 지나가신다.

어, 내가 아는 사람인가?
누구지 하고 궁금했었다

나는 모르겠는데
저분은 나를 어떻게 알까?
다음 만나면 내가 먼저 인사해야지

그래, 우리 서로 모른다 한들
어찌 이웃하지 않고 살 수 있을까.

낯설어도 같은 동네 가까운 이웃이다.

분이

대구선 기찻길 옆에 살았던
내 어릴 때 소꿉친구
기억 더듬어 찾은 이름이다

초등학교 입학 전이니까
여섯 일곱 살쯤이었으리
우리집 바로 옆애 살았던 분이!

이제 여든을 바라보는
할매가 되었더라

옛 친구가 생각났다는 듯
날 보고 무심히 던지는 말

"옛날에는 니가 내 신랑했다 아이가"
이칸다.

눈가주름 웃음에 시든 꽃이 붉더라.

허홍구

시집 〈시로 그린 인물화〉 〈잡초〉 〈사랑하는 영혼은 행복합니다〉
hhg1946@hanmail.net

13

경상남도

두부

애가 참 많이 컸다

두부만 했던 애가 콧구멍도 넓어졌다
그 안에 하얀 코딱지도 제법 커졌다
손 닿으면 으스러질까
그런 걱정은 이제 않는다

솜사탕 같은 입으로 엄마를 연발 날려대면
귀는 설탕으로 젖어 흥건할 일은 남았다

참말로 많이 컸다
지금도 크고 있을 테고

아이에게 더는 바라는 게 없다는
거짓말을 오늘도 했다
연신 자라나는 바람들이
아이의 아래턱에 솟는 하얀 이 같다

고무장갑

빨간 고무장갑을 껴보니 무서울 게 하나 없다

변기도 빡빡 문지르고
음식물 쓰레기도 싹싹 긁어 모으고
이름 모를 벌레도 가뿐하다

그동안
집사람을 당최 못 이긴 이유가
아무래도 이건가

김준호

'월간시' 제4회 '청년시인상'으로 등단(2018)
동인지 〈내 안에 하늘이 조금만 더 컸으면 해〉(공저)
SNS 시인상 최우수상 수상(2018), 삼성 갤럭시 노트 20 프로모션 작가 선정(2020)
lilr7942@naver.com

비망록

팔십년대 경상도 땅, 지리산과 덕유산이 발 포갠 골짜기
박꽃 같은 별들 튀어나와 어깨 두들기는 외딴집
나 옮겨 살게 되었다
젊음을 휴지처럼 풀어 쓴 죄일까
난생처음 군불로 밥 지으며 넘치는 밥물처럼 울고 말았다

한 박자 늦게 오는 계절이 서둘러 빠져나가는 개울가
청맹과니처럼 살아 거름냄새 소똥냄새 무뎌질 무렵
밀려오는 생의 아픔과 희열을 싸안으며 되뇌던 말
아들아, 너희 세대는 봉건의 시간을 담금질하여
뼈 중의 뼈 살 중의 살처럼 서로의 발 씻기기를

허나 돌이켜보면 이 산하는 내 증고조들의 환난과 설움
그 새벽 정화수로 빌며 목숨의 불꽃을 태웠던
바람찬 지어미들의 유적지
혈육을 넘어 인습을 넘어
다만 애틋한 그리운 얼굴들 있으매

이 밤 묵묵히 등불 밝혀
펄럭이는 만장의 행렬 뒤따르던
그 시절 봄날 기억할 수밖에

사라진 눈 (目)

집 안에는 눈이 스무 개
동네 지붕에는 떠도는
바람개비처럼 민감한 안테나가
서 있던
그 시절 찾아가네, 찬찬히
닫힌 기억의 문 열어 보네

강물 넘치듯 그 세월
바다로 흘러들고 없네
그 물결, 무늬만 남아
수평선 훤한 백사장에 드러누워
있네
살아 멍든 바람 자분자분 달래네

해 아래 새 것 없으니
부모를 만나면 부모를 죽이고
자식을 만나면 뼈아픈 자식을

버리라던
말씀의 칼은 등 뒤에 꽂아두고
오도카니 눈사람처럼 얼어 살았던

그대의 길 나의 길
모두가 벌판이요 협곡이어서
한때 그득했던 눈물주머니
이제 술잔 기울이듯 조금씩
싹 틔울 봄 잔디 속으로 뿌려 주네

이별 없는 밤을 위해
희미한 그대 얼굴 아래로
자꾸 몸이 기우네

남금희

'문학세계'로 등단(1996) '기독공보' 신춘문예(2000), '창조문예' 재등단
시집 〈외다리 물새처럼〉 〈사흘길 침묵〉 〈맡겨진 선물〉 〈구름의 박물관〉 등
이대동창문학상, 아름다운문학상, 기독시문학 작품상 수상
영남신학대학교 전임교원, 경북대 초빙교수 역임
namkumhee@hanmail.net

안골포굴강

진해루 진해항 길 행암 기찻길 합포 승전길을 돌아
조선소길 삼포길 흰돌메 길을 내내 바다보며 걷다 보면
칠십 리 칠7구간 안골포길 연안
안골포굴강에 닿는다

물낯 위아래 굴강堀江*은 오백 육십여 년 전*에
산석山石과 냇돌에서 크고 작은 돌을 가져다 쌓아
굴강의 목은 동편으로 내만을 바라보게 하고
외만의 파도를 막을 수 있도록 활모양으로 쌓았다고 하는데
지금은 폭이 이십 미터이고 길이는 칠십오 미터 정도*라네

안골포굴강 뒤에는 안골마을
바다 저 건너편에는 청천마을
바다 저 북서별 산 너머에는 안성마을
저 멀리 서편 산날*에는 웅천 왜성이
병풍처럼 둘러싸인 안골포 바다에는
숭어들이 흰빛으로 뛰어올라 윤슬에 내려앉는다

굴강에선 판옥선이 접안하는 소리 수리하는 소리
안골포 바다에선 닻올리는 소리
총통에 철환을 쟁여서 심지에 불붙이는 소리
철환이 터지는 소리

둥둥둥 승전고 소리
임을 격랑의 전장에 떠나보낸 여인네는
그리운 것은 보고 싶다는 거고
보고 싶다는 것은 사랑한다는 거고
사랑한다는 것은 살려달라고 하는 것*일 텐데
여직 소식을 기다리는 숨 가쁜 숨결소리

사백 삼십여 년* 동안 밀물썰물에 젖은
굴강석축에 상감象嵌된 소리들
내 귀를 온통 적시고

안골포굴강이 안골포구 옛 격랑을 품어
바다 물낯이 우리네 흰빛으로 자욱하다

*조선시대 배 수리와 보수, 군수물자의 적하역과 정박을 위한 군사시설
*안골포굴강은 1942년 세조8년에 만들어지다.
*창원특례시 블로그에서 빌려옴
*산등성이 방언
*황학주 시집 "사랑은 살려달라고 하는 일 아니겠나"에서 빌려옴
*1592년 안골포해전 기준(2023년-1592년)

송호진

'월간시' 제31회 '추천시인상'으로 등단(2021)
시집〈사랑한다고 말한 그 입술로 분 바람이 내 바람에 얹힌다〉
2sh1203@naver.com

고불암古佛庵에 가면

가야산 고불암에 가면 돌탑 정원이 있다
인간들의 손때가 묻지 않은 듯
어쩌면 신이 다듬어 놓은 그 모습 그대로
돌 위에 돌을 얹어 쌓은 탑들이
아무렇게나 잘 어울리게 자리 잡고 있다
이끼 우거진 탑이 무너지지 않는 것은
볼품없이 작고 초라한 돌멩이들이
멋스럽고 그럴싸한 바윗돌 사이에서
몸 바쳐 중심을 잡아주기 때문이다

해인사 고불암에 가면 무량수전이 있다
인간들의 욕망으로 세운 극락의 세계
입장료에 따라 머무는 곳도 다르다
자식의 든든한 뒷배로 명당자리 얻어
뒷짐 지고 둘러보니 극락은 까마득하구나
아귀다툼을 벌이던 육신은 버리고 왔다만
자동차에 가득 싣고 온 업장은 어이할까
아미타 부처님은 말이 없고 웅성웅성
돌멩이들의 법문이 무성하다

개똥참외

개망초 우글거리는 변두리 묵정밭에서
개팔자가 상팔자라고 위로하며
개같이 살았지요
낮에는 뻐꾹새 울음 먹고
밤에는 소쩍새 그리움 삼키며
달님 별님 벗 삼아 지새운 일생
신도시 아파트단지에서 쫓겨난
개똥벌레 삼대독자가 조등을 켜고
절름절름 날아간 후
달랑 하나
참 외롭게 키운 자식
작고 못생겼다고
참맛이 아니라고
괄시하고 구박하지는 말아요
온몸이 빼빼 마르고 비틀어져
젖 같은 젖
한 번도 먹이지 못하고
이슬만 받아 먹이며

개고생하고 키운걸요
개똥밭에 굴러도 이승이 좋다는 말은
팔자 좋아서 하는 개소리
당신이 배불러서 뱉어버린 오물로
나의 발가락은 썩어지고
당신이 심심풀이로 하는 발길질에
내생의 꿈마저 산산이 부서져
개꿈처럼 가물가물 사라집니다

이하재

'월간시' 제17회 '추천시인상'으로 등단(2018)
시집 〈허공에 그린 얼굴〉
서울 개인택시 기사
jaehalee319@hanmail.net

올 가을에는

여태 설레기만 했던 그리움을
올 가을에는 찾아가리

산모롱이 황톳길 갈대 일렁이는 강나루 은빛 윤슬
볼을 붉히며 석류가 알알이 익어가는 장독대
세월만큼 헤아린 고샅길 돌담 윗돌 아래
묻어 둔 그리움을

올 가을에는 찾아가리

노을빛 물든 세월
소쩍새 소쩍소쩍 달래주는 서러움
달 밝은 창밖을 스치는 쓸쓸한 갈바람에
그리움의 뒤안길을 헤매는 나그네

내 안의 아이가 뛰놀던 앞마당에 낙엽이 지고 눈이 내리면 어이하리

어스름이 지면 군불 지핀 황토방 아랫목에서
낡은 창문에 비치는 그리움의 마중물 별빛 울음을 울리라

고향의 강

짙푸른 지리산 정기 어린 섬진강은 유유히 흐르네

하동 송림 하얀 모래밭을 휘감아

해 저물면 학 두루미 날갯짓에 금빛 은빛 윤슬로 번뜩이는 유년의 꿈

언제나 고향집 고샅길을 밝히는 맑게 씻은 달

섬진강물 위에 세월은 돛을 달고 바람 따라 흐르네

아 아 그리워라

외롭고 지친 나그네의 갈 곳 고향이여

장날이면 화개장터 얼쑤 장단 소리가락이 섬진강에 흘러

노량 앞바다 발목을 잠군 섬마다 철썩이네

아 아 그리워라

아 아 그리워라

정순영

시 전문지 '풀과별' 추천 완료 등단(1974)
시집 〈시는 꽃인가〉 〈사랑〉 외 7권
부산문학상, 봉생문화상, 한국시학상 등 다수 수상
동명대학교 총장, 세종대학교 석좌교수 역임
syjung0716@hanmail.net

마산 선창가

어선들이 뒤엉켜 머리끈을 잡고 놓지 않는다
느린 삶의 비늘이 떨어지는 선창가에 비바람이 들이친다
남정네들의 언성은 밤하늘을 때리고
늙은 작부의 젓가락 악다구니도
소주병 나발처럼 빈 소리로 흩어진다
낡은 갑판장의 손에는
불 꺼진 가로등 밑에서 주운
돌멩이가 들려 있다
파도가 능선보다 더 가파른 날
바다가 밥그릇인 조선족 젊은이
불귀의 객이 되었다는 풍문만 바다를 강타했다
거무튀튀한 바람에 삶의 무늬를 안 그려본 자가 있는지
고갯길에 늘어있는 담벼락
그 물컹한 욕지기 더미를 안 쌓여본 어부가 있는
쏟아 놓고 치우지 않는 낡은 무늬들이
바람에 찢겨 진다
팍팍한 고갯길에 너나 나나 소주 한잔 걸친 채
모두는 절명한 동백꽃과
패선에 꺾인 바다의 꿈을 그리는 구족화가가 비닐봉지보다
더 쓸쓸하다

도둑영화

이만희 감독의 만추 영화를 신나게 보는데
누군가에게 목덜미를 잡혀 끌려 나갔다

악어가 나타났다

기억의 필림은 상영관 화면을 가득 메운다
좀처럼 꿈에 보이지 않던 악어가
황토물을 거슬러 나타났다

악어는 지배적인 포식자의 본능에 충실하느라
입을 쩌억 벌린다

혓바닥에 거품 인다
회색 눈알은 휘번득, 깨진 꿈의 몸에 또 상처를 낸다
붉은 핏물에서, 뒤엉킨 목덜미에서.
파닥이는 그녀는 입을 막는다

사냥에 집착하는 사내가
사슴몰이하듯 다시 한발, 한발,
읽지 못하고 놓친 영화 자막처럼
내 살점도 다 뜯긴 날이 있었다

조갑조

마산출생. 부산대학교 졸업
'문예운동'으로 등단(2011)
시집 〈달개비 보랏빛도 그리웠다〉 〈까만 창틀의 선물〉
cgc0303@naver.com

14

광주시

옥수수빵

국민학교 3학년 때 소구루마 타고 시내로 전학을 왔다
전깃불을 처음 보았다
집 근처에서 저녁이면 저벅저벅 혁명군의
군화 발자국 소리가 들려왔다
어디선가 총소리도 들려오는 듯했다
학교에선 빵 배급 담당이었는지
난 점심 무렵이면 줄을 서서 배급소에서
식판에 옥수수빵 배급을 받아 학급에 돌렸다
다 주는 것도 아니었다
지정된 녀석들 곁으로 다가가 식판을 내밀면
말없이 녀석들은 하나씩 집어들었다
누구에게나 주던 옥수수 꿀꿀이죽,
두툼한 옥수수식빵보다도 먼저 나온
두부 모판의 얇고 네모난 두부 같은
샛노랗게 잘 구워진 사르르 녹는 옥수수빵의 그 향기
버짐이 핀 놈, 손이 시커먼 놈, 놈들은 순서대로
그 중에서도 통통하게 잘 생긴 놈을 하나씩 집어들었다
차마 제일 통통하고 잘 생긴 놈을
내가 먼저 집어들 수는 없는 일
마지막 남은 제일 빈약하고 찢겨진 못 생긴 놈이
언제나 마지막 내 차지였다
그토록 살지고 너무나 향기롭던
잘 눌려진 얇디얇은 두부 같은
제일 잘 생긴 옥수수빵 하나 먹어봤으면
지금도 소원처럼 남아 있다

고물상 아저씨

60년대 초 도회지를 낀 들판에서
깨진 유리조각을 줍는 아이들을 보고
"페스탈로치 할아버지 그 깨진 유리조각은 뭐에다 쓰시려구요?"
그 이야기는 틀렸다
그 유리조각은 아이들에겐 금덩이였다
신문지나 빈 병, 찌그러진 냄비는
부모 몰래 훔쳐내야 할 대상이었다
동생들을 대동하고 인근 거리와 들판을 뒤져 찾아낸 금덩이는
금 수집 은행인 고물상으로 갔고
돈으로 바뀐 그 금덩이들은 찐빵이 되고
강냉이 튀밥이 되고 번데기가 되었다
거리와 논밭을 헤쳐 찾아낸
각종 금덩이들을 고이 모신 보따리를 풀어놓으면
고물상 아저씨는 각종 탐나는 금덩이가 쌓인 창고를 한 번 힐끗 본 후
꼭 저울을 달고 몇 푼의 돈을 쥐어주었다
한 가지 이상한 것은
달랑 쇳조각 한두 개, 깨진 유리조각 몇 개를 가지고 가도
이윽히 저울을 달고 넌지시 건너다 보더니
"초상나게 일 원이다"라며
꼭 한 푼씩은 쥐어주던 것이었다

노유섭

'우리문학'으로 등단(1990).
시집 〈꽃배추를 아시나요〉 〈말머리 곡선의 기류〉 등
한국현대시인상, 한국기독교문학상 등 수상
현대시인협회 부이사장 역임
nysh21@hanmail.net

우리 동네는 황토 벌판도 있다

나는 광주광역시 서쪽 동네에서만 쉰 해를 살았다
자고 나면 다시 그날
습관성 기침 같은 틀에서 벗어나리라
스스로 뒤집어 숨 쉬는 바다가 보이는 곳
무안군 현경면 용정리 새터로 헤엄쳐 나왔다

윤동주 시인이 살던 만주 용정은 아니지만
끝이 보이지 않는 사래, 황토 벌판
톡 쏘는 삶의 한 자락 여기는
사람들이 양파처럼 동그랗게 웃고 있는 곳

해야! 더 밝고 환하게 떠올라라
몇만 평인지 모를 바다처럼 넓은
'해야농장'이 있고 맘에 쏙 드는 짬뽕집도 있다

희디흰 양파 속살에 황토 한 숟가락 싸서 먹고
양파보다 더 알싸한 이야기를 쓰고 싶었다
가슴이 일시에 젖어 들고
두 손바닥 후끈거리는 파랑 같은 마음을 적어
달머리 해안 빨간 등대에게 주고 싶었다

광주에서 무안 용정까지는 바퀴로 한 시간 십분
양파 양배추 단호박이 단꿈을 꾸는 희망촌
한번 맘먹고 살아 볼 만한 참 좋은 시골 마을
우리 동네, 무안군 현경면 용정리 새터

양동시장

호루라기가 떴다

양동시장. 난전 위에
솔개 단속반 뜨면
생선 좌판 떼기 무색해라
허둥지둥 숨어든 처마 밑
조기 새끼 몇 마리 자식처럼 쥐고 선
허리 굽은 전사 내 어무이

밤이면
이리저리 엎어져 자는 오 남매
미안하다, 고맙다. 쓰다듬는 손길에
물큰 달려들던
생선 비린내

나는 그렇게 자랐지
광주시 양동 개천에서 멱감고
솥 걸어 빨래 삶던 그 손에서
땟국 털며 살았지

윤수자

'동양문학'으로 등단(1990)
시집 〈봄물 소리 높이 굽이치고 있을 때〉 〈내일은 맑을 거야〉
〈상처는 아물 때가 더 아프다〉 등
연지당사람들 동인
soohyang2@hanmail.net

15

제주도

사라봉

경계로 구분하면 바다만큼 뚜렷한 곳은 없으리
생사로 결별하면 섬만큼 억센 곳은 없으리라
근현대 역사의 그러한 장소가 화북동이니
육지로 떠나는 모습 바라보다 망부석이 된 산지 등대가
사연도 많을 억센 바람을 맞으며 사라봉에 우두커니 서 있다

이른 봄을 알리는 사라봉 옆 별도봉에는 이미 벚꽃이 만발하고

별도봉을 휘감는 산책로 밑 주상절리는 마치 조각 같다
사라봉에 올라 영주 십 경의 사봉낙조를 감상하니
제주시와 바다가 한눈에 들어오며 메워진 가슴이 트인다

별도봉 밑 사라진 마을 곤을동의 자갈 해변에 앉아서
호수 같은 비췻빛 바다 물결 보며 마음을 추스르니
자연이 아름답다는 말이 가슴과 얼굴에서 피워나고
내가 신선이 아닌가 하는 착각도 든다

사라봉과 별도봉의 자락에는 오현단의 후예인 오현고와
제주국립박물관이 전통 민가의 모양을 띠며 지역 유산을 자랑하여
사라봉을 둘러싸고 제주시의 명물들이 한자리에 모여
서로의 유려함을 뽐내고 있다

잃어버린 마을, 곤을동

기수 갈고둥이 서식하기에 좋은
자갈 많고 늘 물이 고인 곳에
칠백 년 넘는 유서 깊은 마을은

마을 뒤로는 별도봉이 자리하고
앞에는 하천이 흐르는 명당자리에
스물두 가구가 모여 살던 곳

농사로 어업으로 생계를 이어오다
순박한 양민은 폭도로 몰리고
온 마을은 전소되는 아픔을 겪는다

지금은 집터만 남은 폐허에
돌담 사이로 이어진 올레만
마을의 흔적을 가늠케 하고

유채꽃 피는 계절에 벚꽃 휘날리는
별도봉에서는 아쉬운 비명 소리만
휘이익 파도에 맞춰 일렁대고

마을은 간데없고 멀뚱하니
세워진 안내판만이 이곳의
참상을 말없이 전해 준다

김충석

제주 거주
건국대 불문학과 졸업
'월간시' 제2회 '윤동주신인상'으로 등단(2021)
pulsam@naver.com

월령리* 노부부

앞집에 팔십 넘은 노부부가 삽니다
아직도 경운기를 몰고 농사를 짓습니다
타타타타 새벽마다 들려오는 경운기 소리
오늘도 하루 일과가 시작 되나 봅니다

싸우듯 큰소리가 들려 옵니다
처음엔 왜 싸우는가 걱정했지만
귀 어둔 노부부의 소통방식이라는 걸 알고 나서
언젠가는 내 모습일 것 같아 마음이 아려옵니다

오늘 아침에도 경운기 시동소리가 요란합니다
타타타타 아침 공기를 흔들면서
"비 올지 모르난 창고에 우비 거정 옵서"*
할아버지가 큰소리로 몇 번씩 외치고 있습니다

타타타타 경운기 소리가 멀어집니다
나이 든 내 모습이 다가옵니다
어느새 경운기 소리는 멎고
나는 할아버지가 됩니다

*제주시 한림읍에 소재한 작고 아름다운 포구.
손바닥선인장이 군락을 이루고 있으며
천연기념물 429호로 지정되어 보존되고 있음
*'비 올지 모르니 창고에 둔 우비 갖고
오세요'의 제주도 사투리

올레길

육지에서 한 친구가
올레길을 걷고 싶다고 한다
그 많은 길 중에서 유독
올레길을 걷고 싶다고 함은
생각이 많다는 뜻일 것이다

며칠 지나서
잘 말려진 철딱서니 없는 생각들을
푸른 햇살 아래 넌 채
혼줄나게 다듬이질해서 보내야겠다

올레길을 따라
돌담길
숲길
오름길
해안 길을 두루 걷다 보면
도시에서 찌든 생각들은 빨래가 된다

제주도 올레길 빨랫줄에는
사람들이 널어두고 간 생각들이
염치없이 수다를 떨다가
주인을 잃고 오가지 못하는데

양창식

'정신과표현' 신인상으로 등단(2009), '시와편견' 재등단(2018)
시집 〈제주도는 바람이 간이다〉〈노지소주〉〈생각의 주소〉
제주국제대학교 교수, 대학원장, 총장 역임
현재 서울시인협회 이사
viyangdo@hanmail.net

가슴에 걸린 그림 3
—제주도

가끔
허리띠 한 칸 뒤로 매고
어디론가 떠나고 싶으면 떠오르는 섬

어머니의 나슨한 가슴에 안기려고
거듬거듬 가방을 싸죠

방향 잃은 바람에 종종거리며 걸었던
오래전 그 해안 길에서
팽팽 당겨진 조바심은 돌담 볕에 널어 놓고
몸이 파랗게 될 때까지 바닷물에 푹 빠져요

요즘은
매일 가방을 꾸려요
꿈속에서
무사無事한 느림이 그리워
늘 여여如如하게 느슨해지는 섬으로 가려고

가슴에 걸린 그림 4
－제주 남원 포구

거친 바람이
돌 구멍 사이로 숨을 거르는
바다 품 안의 젖을 먹으며
부서지는 파도와 살을 부비던
그곳

쉬려고 들어오는 배,
한 바다로 나가는 배의 잔등을
톳 줄기 미역 줄기가 간지르며
분주하게 넘실대는

알록달록 모여든
타지의 낯선 색들에게
성게 가시 같던 경계심 풀고
성게알의 눅진한 신비를 나누는

바람에 할퀸 바다의 상처를
테왁 안은 해녀가 둥둥 달래는
꿈틀대는 전복이 가득한 그곳
내 고향

태 라

본명 이선옥
제주 남원 출생
'문파문학' 신인상으로 등단(2022)
시집 〈나의 환절기愛〉
wpwn0711@naver.com

서울시인협회 연간사화집 2023
시인은 시를 쓴다 8

테마시집
"우리동네"

제1쇄 인쇄 2023. 8. 25
제1쇄 발행 2023. 8. 30

엮은이 민윤기 서울시인협회 회장
펴낸곳 인문학사

등록번호 제 2023-000035
서울시 종로구 종로19 르메이에르 종로타운 1030호(종로1가)
전화 : 02-742-5218

ISBN 979-11-983214-6-6 (03800)

*잘못 만들어진 책은 본사나 구입하신 서점에서 교환하여드립니다.
*이 책은 저작권법에 의해 보호받는 저작물이므로 저작자와
출판사의 서면동의 없이는 무단 전재와 무단복제를 금합니다.